RESPONSABILIDADE CIVIL DE ADMINISTRADORES
E DE SÓCIOS CONTROLADORES
(NOTAS SOBRE O ART. 379.º DO CÓDIGO DO TRABALHO)

J. M. COUTINHO DE ABREU / ELISABETE RAMOS

PRIVATIZAÇÃO DE EMPRESAS PÚBLICAS
E EMPRESARIALIZAÇÃO PÚBLICA

JORGE MANUEL COUTINHO DE ABREU

PRINCÍPIOS DO COMÉRCIO ELECTRÓNICO
(BREVE APONTAMENTO AO DL 7 / 2004)

ALEXANDRE LIBÓRIO DIAS PEREIRA

PROJECT FINANCE
(PRIMEIRAS NOTAS)

GABRIELA FIGUEIREDO DIAS

RESPONSABILIDADE CIVIL DE ADMINISTRADORES E DE SÓCIOS CONTROLADORES
(NOTAS SOBRE O ART. 379.º DO CÓDIGO DO TRABALHO)
J. M. COUTINHO DE ABREU / ELISABETE RAMOS

PRIVATIZAÇÃO DE EMPRESAS PÚBLICAS E EMPRESARIALIZAÇÃO PÚBLICA
JORGE MANUEL COUTINHO DE ABREU

PRINCÍPIOS DO COMÉRCIO ELECTRÓNICO
(BREVE APONTAMENTO AO DL 7 / 2004)
ALEXANDRE LIBÓRIO DIAS PEREIRA

PROJECT FINANCE
(PRIMEIRAS NOTAS)
GABRIELA FIGUEIREDO DIAS

ALMEDINA

TÍTULO:	RESPONSABILIDADE CIVIL DE ADMINISTRADORES E DE SÓCIOS CONTROLADORES PRIVATIZAÇÃO DE EMPRESAS PÚBLICAS E EMPRESARIALIZAÇÃO PÚBLICA PRINCÍPIOS DO COMÉRCIO ELECTRÓNICO PROJECT FINANCE
AUTORES:	COUTINHO DE ABREU/E. RAMOS – COUTINHO DE ABREU ALEXANDRE DIAS FERREIRA – GABRIELA F. DIAS
EDITOR:	LIVRARIA ALMEDINA – COIMBRA www.almedina.net
LIVRARIAS:	LIVRARIA ALMEDINA ARCO DE ALMEDINA, 15 TELEF. 239 851900 FAX 239 851901 3004-509 COIMBRA – PORTUGAL livraria@almedina.net LIVRARIA ALMEDINA ARRÁBIDA SHOPPING, LOJA 158 PRACETA HENRIQUE MOREIRA AFURADA 4400-475 V. N. GAIA – PORTUGAL arrabida@almedina.net LIVRARIA ALMEDINA – PORTO RUA DE CEUTA, 79 TELEF. 22 2059773 FAX 22 2039497 4050-191 PORTO – PORTUGAL porto@almedina.net LIVRARIA ALMEDINA ATRIUM SALDANHA LOJAS 71 A 74 PRAÇA DUQUE DE SALDANHA, 1 TELEF. 21 3712690 atrium@almedina.net LIVRARIA ALMEDINA – BRAGA CAMPUS DE GUALTAR UNIVERSIDADE DO MINHO 4700-320 BRAGA TELEF. 253 678 822 braga@almedina.net
EXECUÇÃO GRÁFICA:	G.C. – GRÁFICA DE COIMBRA, LDA. PALHEIRA – ASSAFARGE 3001-453 COIMBRA Email: producao@graficadecoimbra.pt OUTUBRO, 2004
DEPÓSITO LEGAL:	218093/04

Toda a reprodução desta obra, por fotocópia ou outro qualquer processo, sem prévia autorização escrita do Editor, é ilícita e passível de procedimento judicial contra o infractor.

NOTA DE APRESENTAÇÃO

O terceiro volume das "Miscelâneas" reúne quatro estudos. Três deles nasceram da colaboração dos autores em dois cursos que o IDET – Instituto de Direito das Empresas e do Trabalho organizou na Faculdade de Direito no ano lectivo de 2003/2004: no Curso de Pós-Graduação em Direito do Trabalho o primeiro (Responsabilidade civil de administradores e de sócios controladores — Notas sobre o art. 379º do Código do Trabalho); *no Curso de Pós-Graduação em Direito das Empresas o terceiro* (Princípios do Comércio Electrónico – Breve apontamento ao DL 7 / 2004) *e o quarto* (Project Finance – Primeiras notas). *O estudo publicado em segundo lugar* (Privatização de empresas públicas e empresarialização pública), *apesar de não ter sido escrito primeiramente para algum daqueles cursos, foi posto à disposição dos pós-graduandos do IDET logo em Janeiro do ano corrente.*

Espera a Direcção do IDET que os frutos da investigação promovida pelo Instituto continuem a ser colhidos pelos estudiosos.

Coimbra, Outubro de 2004

Jorge M. Coutinho de Abreu

RESPONSABILIDADE CIVIL DE ADMINISTRADORES E DE SÓCIOS CONTROLADORES

(NOTAS SOBRE O ART. 379.º DO CÓDIGO DO TRABALHO)

J. M. COUTINHO DE ABREU / ELISABETE RAMOS

ABREVIATURAS

AktG	Aktiengesetz
BFD	Boletim da Faculdade de Direito (Coimbra)
BMJ	Boletim do Ministério da Justiça
CCiv.	Código Civil
CCom.	Código Comercial
CI	Contratto e Impresa
CIRE	Código da Insolvência e da Recuperação de Empresas
CJ	Colectânea de Jurisprudência
CJ (ASTJ)	Colectânea de Jurisprudência (Acórdãos do Supremo Tribunal de Justiça)
CP	Código Penal
CPC	Código de Processo Civil
CRCom.	Código do Registo Comercial
CREF	Código dos Processos Especiais de Recuperação da Empresa e de Falência
CSC	Código das Sociedades Comerciais
CT	Código do Trabalho
CVM	Código dos Valores Mobiliários
DGCL	Delaware General Corporation Law
GC	Giurisprudenza Commerciale
L	Lei
LGT	Lei Geral Tributária
LSA	Ley de Sociedades Anónimas (Texto Refundido de 1989)
LSQ	Lei das Sociedades por Quotas (Lei de 11 de Abril de 1901)
MBCA	Model Business Corporation Act (2003)
OD	O Direito
RC	Tribunal da Relação de Coimbra
RdS	Revista de Derecho de Sociedades

Rev. Soc.	Revue des Sociétés
RGIC	Regime Geral das Instituições de Crédito e Sociedades Financeiras (aprovado pelo DL 298 / 92, de 31 de Dezembro)
RLJ	Revista de Legislação e de Jurisprudência
ROA	Revista da Ordem dos Advogados
RP	Tribunal da Relação do Porto
RS	Rivista delle Società
sec.	section
TUF	Texto Unico delle Disposizioni in Materia di Intermediazione Finanziaria (d.lg. 24.2.1998, n. 58)
ZHR	Zeitschrift für das gesamte Handelsrecht und Konkursrecht

I
Sobre o art. 379.º, 2, do CT

1. A remissão para o regime jurídico-societário da responsabilidade civil pela administração

O art. 379.º do CT, intitulado "responsabilidade dos sócios"[1], enxerta, no seu n.º 2, uma norma relativa à *responsabilidade civil dos administradores*[2] *perante os trabalhadores*[3]. Prescreve esta disposição que "os gerentes, administradores ou directores respondem nos termos previstos no artigo anterior

---

[1] Não é feliz a epígrafe escolhida para o art. 379.º do CT. Na verdade, se o n.º 1 trata da responsabilidade dos sócios, já o n.º 2 versa a responsabilidade dos administradores de sociedades que, como se sabe, podem não ser sócios. E não poderá valer uma interpretação que, sobrevalorizando o teor literal da epígrafe, restrinja a aplicação do art. 379.º, 2, do CT às situações em que os gerentes, administradores ou directores são, simultaneamente, sócios.

[2] Usamos a expressão "administradores" em termos abrangentes, de modo a contemplar os gerentes, administradores e directores.

[3] Embora não resulte do teor literal do art. 379.º, 2, do CT, outros elementos normativos convergem no sentido de que os trabalhadores são os beneficiários da indemnização devida, em primeira linha, pelos administradores. Por um lado, várias normas da Secção que integra o art. 379.º referem expressamente que os trabalhadores são os beneficiários das "garantias" que esta secção consigna (arts. 377.º e 380.º do CT). Além disso, o art. 378.º – norma para que o art. 379.º, 2, remete – prevê a responsabilidade solidária do *empregador* (e outras entidades) "pelos montantes pecuniários resultantes de créditos emergentes do contrato de trabalho e da sua violação ou cessação".

desde que se verifiquem os pressupostos dos artigos 78.º e 79.º do Código das Sociedades Comerciais e nos moldes aí estabelecidos". Como se vê, o art. 379.º, 2, do CT apresenta-se como uma *norma remissiva*: não regula directa e imediatamente o tema da responsabilidade dos administradores perante os trabalhadores, antes remete o intérprete para outras normas do sistema jurídico. É a partir das várias remissões que o intérprete irá conhecer (reconstituir) o regime jurídico desta responsabilidade. São três as remissões incluídas no art. 379.º, 2, do CT: *a)* os gerentes, administradores ou directores respondem nos termos do artigo anterior; *b)* desde que se verifiquem os pressupostos dos arts. 78.º e 79.º do CSC; *c)* nos moldes aí estabelecidos.

Atendendo a que o art. 379.º, 2, do CT remete não só para os pressupostos dos arts. 78.º e 79.º do CSC como para outros aspectos do regime jurídico-societário da responsabilidade civil pela administração, começaremos por apresentar as traves mestras em que esta disciplina se estrutura.

1.1. *Caracterização sumária do regime jurídico-societário da responsabilidade civil pela administração da sociedade*

A responsabilidade civil pela administração da sociedade está integrada na "Parte Geral" do CSC[4], sendo, pois, regime *comum*[5]

---

[4] O CSC recuperou, no essencial, o regime contido no DL 49 381, de 15 de Novembro de 1969 (diploma relativo à fiscalização das sociedades anónimas).

[5] O CSC apresenta outras previsões de responsabilidade. Vejam-se os arts. 114.º, 152.º, 158.º, 254.º, 5, 316.º, 5, 398.º, 4 e 504.º. Os administradores estão, ainda, sujeitos a responsabilidade penal. Vejam-se, entre outros, os arts. 509.º a 527.º do CSC (os crimes de abuso de informação e manipulação do mercado, outrora incluídos no CSC, estão actualmente previstos no CVM, arts. 378.º e 379.º). É de considerar que os administradores são, também, responsáveis em determinadas circunstâncias por contra-ordenações e pelo

aos diversos tipos de sociedades[6]. A responsabilidade civil pela administração exige, em todas as suas expressões, a *culpa* dos membros do órgão de administração[7] e a *ilicitude* da conduta. É, ainda, manifesto o propósito de individualização da responsabilidade – *responsáveis são os titulares do órgão administrativo e não o próprio órgão*. Aspecto que assume particular importância no contexto das sociedades dotadas de um órgão de administração de composição pluripessoal, porquanto revela que a mera circunstância de uma pessoa o integrar não é suficiente para a sua responsabilização[8].

---

pagamento de coimas (*v.g.*, arts. 36.º, c), 39.º, 49.º, 2, da L 1 / 2004, de 27 de Março (alterada pela L 27 / 2004, de 16 de Julho), relativa ao regime de prevenção e de repressão do branqueamento de vantagens de proveniência ilícita). Importantes são, ainda, a responsabilidade tributária, regulada no art. 24.º da LGT e a responsabilidade pelas dívidas à segurança social. O art. 24.º da LGT prevê a responsabilidade em via subsidiária dos membros do órgão de administração (e solidária entre si), quando por culpa sua o património da sociedade se tenha tornado insuficiente para a satisfação de dívidas tributárias. Defendendo que o art. 24.º da LGT se aplica também às dívidas da entidade patronal à Segurança Social, v. TÂNIA MEIRELES DA CUNHA, *Da responsabilidade dos gestores de sociedades perante os credores sociais: a culpa nas responsabilidades civil e tributária,* Almedina, Coimbra, 2004, pp. 155-156. Em sentido divergente, PEDRO SOUSA E SILVA, *A responsabilidade tributária dos administradores e gerentes na Lei Geral Tributária e no novo CPPT,* ROA, 2000, III, pp. 1453, 1454.

[6] O teor literal dos arts. 72.º, 1, 73.º, 1, 78.º, 1 e 79.º, 1, todos do CSC, confirma este carácter geral da disciplina da responsabilidade civil pela administração da sociedade. Outros ordenamentos jurídicos diferenciam a disciplina da responsabilidade civil pela administração, tendo em conta o tipo societário em causa. Vejam-se, a título de exemplo, os arts. 2392 e 2476 do *Codice Civile*, que regulam, de modo não coincidente, respectivamente, a acção social de responsabilidade nas sociedades anónimas e nas sociedades de responsabilidade limitada. Para o confronto entre estas duas disciplinas, v. SERGIO DI AMATO, *Le azioni di responsabilità nella nuova disciplina della società a responsabilità limitata,* GC, I, 2003, pp. 289, ss..

[7] Cfr. arts. 72.º, 78.º, 1, 79.º do CSC e 483.º, 2, do CCiv..

[8] É importante notar que nem sempre é fácil a individualização da responsabilidade. A crescente complexidade das grandes organizações económicas

Em matéria de responsabilidade civil pela administração, o CSC abre com uma norma de carácter substantivo[9] dedicada à responsabilidade dos membros da administração para com a *sociedade* (art. 72.º). Perante esta, os administradores respondem por danos decorrentes de actos ou omissões praticados com preterição dos deveres legais ou contratuais, salvo se provarem que procederam sem culpa (art. 72.º, 1). Atente-se que da simples qualidade de membro do órgão de administração não pode ser retirada, sem mais, esta *responsabilidade contratual* perante a sociedade. Na verdade, o art. 72.º, 2, prescreve que "não são responsáveis pelos danos resultantes de uma deliberação colegial os gerentes, administradores ou directores que nela não tenham participado ou hajam votado vencidos, podendo neste caso fazer lavrar no prazo de cinco dias a sua declaração de voto, quer no respectivo livro de actas, quer em escrito dirigido ao órgão de fiscalização, se o houver, quer perante notário". De todo o modo, o art. 72.º, 3, afirma a responsabilidade do administrador

---

torna, por vezes, de incerta solução o problema, por exemplo, da discriminação entre responsabilidade directa e exclusiva dos administradores delegados e a responsabilidade solidária dos administradores não executivos. Entre nós, a delegação de poderes de gestão nas sociedades anónimas está prevista no art. 407.º do CSC. Para o estudo dos problemas que este tema levanta, v. PEDRO MAIA, *Função e funcionamento do conselho de administração da sociedade anónima*, Coimbra Editora, Coimbra, 2002, pp. 247, ss.. Sobre a responsabilidade, no contexto da delegação de poderes, v. ALEXANDRE SOVERAL MARTINS, *A responsabilidade dos membros do conselho de administração por actos ou omissões dos administradores delegados ou dos membros da comissão executiva*, BFD, 2002, pp. 368, ss..

[9] A disciplina jurídico-societária da responsabilidade civil pela administração inclui aspectos substantivos e aspectos de índole processual. Entre os primeiros contam-se a individualização dos distintos pressupostos constitutivos (arts. 72.º, 1, 78.º, 1, 79.º, 1, do CSC), as causas que afastam a responsabilidade dos administradores (art. 72.º, 2 e 4), a solidariedade (art. 73.º) e a nulidade das cláusulas de limitação ou de exclusão de responsabilidade (art. 74.º, 1). De índole processual são, por exemplo, as normas relativas à legitimidade para a acção social de responsabilidade, seja ela proposta pela sociedade (arts. 75.º, 76.º), por sócios (art. 77.º) ou por credores da sociedade (art. 78.º, 2).

que não tenha exercido o seu direito de oposição conferido por lei, quando estava em condições de o exercer. Em tais casos, o administrador responde solidariamente pelos actos a que poderia ter-se oposto. Exclui-se a responsabilidade dos administradores para com a sociedade quando o acto ou omissão assentar em deliberação dos sócios, ainda que anulável (art. 72.º, 4)[10]. Já o parecer favorável ou o consentimento do órgão de fiscalização, se este existir, não exoneram de responsabilidade os membros da administração (art. 72.º, 5).

São vários os *sujeitos* a quem a lei reconhece legitimidade para propor a *acção social de responsabilidade* (destinada a efectivar a responsabilidade dos administradores perante a sociedade e a obter uma indemnização que ingressará no património social). A acção social de responsabilidade proposta pela *sociedade* está dependente de deliberação dos sócios tomada por maioria simples (art. 75.º, 1). Na assembleia que aprecie as contas de exercício e embora tais assuntos não constem da convocatória, podem ser tomadas deliberações sobre a acção de responsabilidade (art. 75.º, 2)[11]. Sendo que, nos termos do art. 75.º, 3, aqueles cuja responsabilidade estiver em causa não podem votar

---

[10] Para as sociedades abertas, o art. 24.º, 3, do CVM impede em certas circunstâncias o efeito exoneratório do art. 72.º, 4, do CSC. Na doutrina, V. G. LOBO XAVIER, *Anulação de deliberação social e deliberações conexas*, Atlântida, Coimbra, 1976 (reimpr. 1998, Almedina, Coimbra), pp. 367, ss., defendeu interpretação restritiva do art. 17.º, 4, do DL 49 381 (reproduzido hoje no art. 72.º, 4, do CSC).

[11] A doutrina italiana, a propósito do art. 2393 do *Codice Civile*, falava numa inscrição *ex lege* da acção social de responsabilidade na ordem do dia da assembleia convocada para apreciar as contas de exercício – v., na vigência da anterior redacção do art. 2393, VICENZO ALLEGRI, *L'azione di responsabilità della società per azioni verso gli amministratori e le scelte del legislatore*, RS, 1971, pp. 304-305. Na actual redacção, o art. 2393 só dispensa a inscrição da acção de responsabilidade na convocatória quando se trate de factos relativos ao exercício a que se refere o balanço. Interpretação que a doutrina sustentava já, como se pode ver em DI SABATO, *Manuale delle società*, Utet, Torino, 1999, p. 502, nota 78.

nas deliberações referidas. Repare-se, ainda, que a deliberação pela qual a assembleia geral aprove as contas ou a gestão dos administradores não implica renúncia aos direitos de indemnização da sociedade contra estes, salvo se os factos constitutivos de responsabilidade houverem sido expressamente levados ao conhecimento dos sócios antes da aprovação e esta tiver sido obtida sem o voto contrário de uma minoria que represente pelo menos 10% do capital social (art. 74.º, 3). Poderá a sociedade renunciar ao seu direito de indemnização ou até transigir sobre ele, desde que haja deliberação expressa dos sócios, sem voto contrário de uma minoria que represente pelo menos 10% do capital social (art. 74.º, 2).

A lei admite, ainda, que *sócio(s)*[12] que possua(m), pelo menos, 5% do capital social[13], possam propor a acção social de

---

[12] No momento da propositura da acção, os autores devem ter a qualidade de sócios. Pode acontecer, contudo, que no decurso da instância um ou alguns deles desistam da acção ou percam tal qualidade. Tal circunstância não obsta, nos termos do art. 77.º, 3, ao prosseguimento da acção de responsabilidade. O problema põe-se quando todos os autores perdem a qualidade de sócios. Defendendo (à luz do DL 49 381) que a acção ainda mantém a sua utilidade em benefício da sociedade e, indirectamente, dos sócios e credores sociais, v. RAÚL VENTURA / L. BRITO CORREIA, *Responsabilidade civil dos administradores de sociedades anónimas e dos gerentes de sociedades por quotas*, BMJ n.º 195 (1970), p. 52.

[13] No ordenamento jurídico italiano, o art. 129 do TUF previu (para as sociedades cotadas) a possibilidade de a acção social ser proposta por sócios que representem 5% do capital social ou percentagem inferior prevista no acto constitutivo da sociedade. Mais tarde, a reforma de 2003 do *Codice Civile* estabeleceu, através do art. 2393-*bis*, a legitimidade de minorias – que representem 20% do capital social (ou diferente minoria prevista no estatuto), ou 5% no caso de sociedades que recorrem ao mercado de capitais (ou percentagem inferior prevista no estatuto) – para a propositura da acção social de responsabilidade. Para o estudo da relação entre estas duas disciplinas, v. FERRUCCIO AULETTA, in *La riforma delle società*, t. I – Artt. 2325-2422 cod. civ. (a cura di MICHELE SANDULLI e VITTORIO SANTORO), G. Giapichelli Editore, Torino, 2003, p. 486. Evidenciando a relevância do art. 2393-*bis* do *Codice Civile*, especialmente nas sociedades não cotadas, v. GIOVANNI CASELLI, *I sistemi di amministrazione nella riforma delle s.p.a.*, CI, 2003, p. 157.

responsabilidade contra os administradores, com vista à reparação, a favor da sociedade, do prejuízo que esta tenha sofrido, quando a mesma a não haja solicitado (art. 77.º, 1)[14]. A indemnização que por este meio seja obtida ingressará no património da sociedade, pois, como expressamente refere o art. 77.º, 1, a acção tem em vista a "reparação, a favor da sociedade, do prejuízo que esta tenha sofrido". Com o ingresso da indemnização no património social, será, por um lado, conseguida a valorização das participações sociais e, por outro, contribuir-se-á para a prossecução do interesse geral na boa administração da sociedade[15]. É nula, nos termos do art. 74.º, 1, a cláusula, inserta ou não em contrato de sociedade, que subordine o exercício da acção social de responsabilidade, quanto intentada nos termos do art. 77.º, a prévio parecer ou deliberação dos sócios.

O direito de indemnização de que a sociedade é titular poderá, ainda, ser efectivado pelos *credores sociais*. Prescreve o art. 78.º, 2, do CSC que, "sempre que a sociedade ou os sócios o não façam, os credores sociais podem exercer, nos termos dos artigos 606.º a 609.º do Código Civil, o direito de indemnização de que a sociedade seja titular".

Como se vê, esta norma pressupõe a responsabilidade dos administradores perante a sociedade (art. 72.º, 1, do CSC). O administrador que, por exemplo, conclui um negócio visivelmente prejudicial para a sociedade sujeitar-se-á à responsabilidade que os credores da sociedade podem fazer valer por esta via indirecta.

---

[14] Levanta-se o problema de saber se os sócios têm legitimidade para intentar procedimentos cautelares contra os administradores. Respondendo que sim (num caso de arresto preventivo), v. o Ac. da RP de 6 / 3 / 1995, BMJ, n.º 445 (1995), p. 621.

[15] Sobre as razões que justificam tal alargamento na legitimidade para a propositura da acção social de responsabilidade, v. M. NOGUEIRA SERENS, *Notas sobre a sociedade anónima*, 2.ª ed., Coimbra Editora, Coimbra, 1997, pp. 94-95.

Para efeitos do art. 78.º, 2, não basta, contudo, a infracção de deveres legais ou contratuais; é necessária, ainda, a verificação dos requisitos próprios da figura da sub-rogação do credor ao devedor (arts. 606.º a 609.º do CCiv.). Ora, além de outros aspectos, "a sub-rogação (...) só é permitida quando seja essencial à satisfação ou garantia do direito do credor" (art. 606.º, 2, do CCiv.).

A indemnização obtida não será entregue ao(s) credor(es) que promover(em) a acção[16], mas ingressará no património da sociedade – o que representa um reforço da garantia patrimonial. Contudo, isso não significa que a indemnização recebida seja necessariamente afectada à satisfação dos créditos do credor/ /autor. Pode acontecer, por exemplo, que haja credores melhor colocados na graduação de créditos e que o montante obtido seja consumido na satisfação de tais créditos.

Pelas razões expostas – que se prendem, essencialmente, com a complexidade do processo e com a incerteza quanto ao destino final da indemnização que seja integrada no património da sociedade –, a acção sub-rogatória referida no art. 78.º, 2, pode não representar uma tutela eficaz dos credores da sociedade.

Há, ainda, um outro aspecto importante a considerar. Prende-se ele com os *meios de defesa* que estão ao dispor dos administradores demandados pelos credores da sociedade. Estamos a pensar na questão de saber se os administradores, quando demandados ao abrigo do art. 78.º, 2, poderão invocar a renúncia ou transacção da sociedade, ou a circunstância de o acto ou omissão assentar em deliberação dos sócios. Na verdade, o art. 78.º, 3, determina que a "obrigação de indemnizar não é, relativamente aos credores, excluída pela renúncia ou transacção da

---

[16] A sociedade devedora não fica arredada da acção proposta pelos credores sociais contra os administradores. Nos termos do art. 608.º do CCiv., "sendo exercida judicialmente a sub-rogação, é necessária a citação do devedor".

sociedade nem pelo facto de o acto ou omissão assentar em deliberação da assembleia geral".

Este preceito continua a suscitar dúvidas. A renúncia ou a transacção da sociedade, bem com o facto de o acto ou omissão dos administradores assentar em deliberação dos sócios, são irrelevantes para qualquer acção – autónoma ou sub-rogatória – proposta por credores?[17] Ou são irrelevantes tão-só para as acções autónomas dos credores, devendo o art. 78.º, 3, ser interpretado restritivamente, de modo a ficarem fora do seu campo de aplicação as acções sub-rogatórias?[18] Parece preferível a primeira alternativa (o preceito aplica-se também às acções sub-rogatórias). Entre outras, pelas razões seguintes:

a) A norma do art. 78.º, 3, tem sentido útil sobretudo – se não exclusivamente – com relação às acções sub-rogatórias. Com efeito, nas acções autónomas, titular do direito de indemnização (devida por administradores) é o credor social (não a sociedade). Seria, pois, desnecessário afirmar que tal direito não é impedido por renúncia ou transacção da sociedade-não titular do direito; por sua vez, pressupondo a acção autónoma, normalmente, a "inobservância culposa [pelos administradores] das disposições legais (...) destinadas à protecção" dos credores sociais (art. 78.º, 1), seria nula a deliberação social em que assente a actuação dos administradores (cfr. o art. 56.º, 1, d), do CSC) e ilícita (e não exoneradora de responsabilidade) tal actuação (cfr. também o art. 72.º, 4, *a*

---

[17] Respondendo afirmativamente (perante o art. 23.º, 3, do DL 49 381, reproduzido no art. 78.º, 3, do CSC), v. Raúl Ventura / Brito Correia, *ob. cit.*, BMJ n.º 195 (1970), pp. 29, 57, 58, e Lobo Xavier, *ob. cit.*, p. 360, em nota.

[18] Neste sentido, v. J. Pinto Furtado, *Código Comercial anotado*, vol. II – *Das sociedades em especial*, t. I, Almedina, Coimbra, 1986, pp. 409-410, n. (1), Nogueira Serens, *ob. cit.*, pp. 96, ss., M. Elisabete Ramos, *Da responsabilidade civil dos membros da administração para com os credores da sociedade*, BFD, 2000, pp. 277, ss. (com mais indicações bibliográficas).

contrario) – pelo que seria igualmente desnecessária a menção da "deliberação da assembleia geral" no art. 78.º, 3. Ora já se vê a necessidade do preceito com relação às acções sub-rogatórias. Segundo as regras gerais, os administradores poderiam opor aos credores sociais demandantes as excepções oponíveis à sociedade sua credora (poderiam opor aos credores sociais a renúncia, a transacção ou a deliberação da sociedade); o art. 78.º, 3, derroga essas regras[19];

b) O preceito em apreço visa reforçar a tutela dos credores sociais que, em consequência de comportamentos indevidos dos administradores, vêem o património social insuficiente para satisfazer os seus créditos. A tutela ficaria diminuída se se permitisse que deliberações dos sócios de variado teor desresponsabilizassem os administradores. Ainda mais quando de uma interpretação estrita do n.º 1 do art. 78.º resulta serem poucos os casos em que os administradores responderão directamente perante os credores sociais;

c) O n.º 3 do art. 78.º é praticamente a tradução do § 93 (5), 3.ª frase, da *AktG* de 1965 (que repete, por sua vez, o § 84 (5), 3.ª frase, da *AktG* de 1937). E, apesar de ser controvertida na doutrina alemã a qualificação da acção prevista no § 93 (5) e de haver algumas diferenças entre ela e a acção sub-rogatória do nosso art. 78.º, é certo que também aí não estamos perante acção autónoma ou directa dos credores sociais[20].

---

[19] Deve, no entanto, entender-se que, nos casos de transacção, os credores sociais apenas poderão exigir indemnização a favor da sociedade no montante que (eventualmente) estiver em falta (cfr., em sentido convergente, a 2.ª parte do 3.º parágrafo do art. 2394 do *Codice Civile*).

[20] V., p. ex., U. HÜFFER, A*ktiengesetz*, 3. Aufl., Beck, München, 1997, p. 404, RAÚL VENTURA / BRITO CORREIA, *ob. cit.*, BMJ n.º 193 (1970), pp. 159, ss..

Sobra um problema, porém. Reza o n.º 5 do art. 78.º: "Ao direito de indemnização previsto neste artigo é aplicável o disposto nos n.ᵒˢ 2 a 5 do artigo 72.º (...)". Ora, o n.º 4 do art. 72.º exclui a responsabilidade dos administradores para com a sociedade "quando o acto ou omissão assente em deliberação dos sócios, ainda que anulável". Há, pois, contradição (parcial) entre os n.ᵒˢ 5 e (na interpretação atrás exposta) 3 do art. 78.º; uma deliberação dos sócios (ainda que anulável) cumprida pelos administradores tornaria improcedente a acção sub-rogatória dos credores sociais. Contudo, esta conclusão não pode ser aceite. Tem contra si o texto dos restantes n.ᵒˢ do art. 78.º (sobretudo o do n.º 3) e a teleologia de todo esse artigo. Pelo que se impõe interpretar restritivamente o citado n.º 5 do art. 78.º, de maneira a desatender-se à remissão para o n.º 4 do art. 72.º (houve lapso na redacção). Este resultado é reforçado pelo facto de o art. 23.º, 5, do DL 49 381 – correspondente ao art. 78.º, 5, do CSC – remeter somente para o n.º 3 do art. 17.º (correspondente ao n.º 2 do art. 72.º do CSC), sem qualquer menção ao n.º 4 desse art. 17.º – idêntico ao n.º 4 do art. 72.º do CSC.

A *acção autónoma dos credores sociais* – não dependente da eventual responsabilidade dos administradores perante a sociedade – encontra-se prevista no art. 78.º, 1. Perante eles, os administradores respondem quando, pela inobservância culposa das disposições legais ou contratuais destinadas à protecção dos credores sociais, o património social se torne insuficiente para a satisfação dos respectivos créditos[21].

---

[21] O teor do actual art. 78.º, 1, do CSC corresponde ao art. 23.º, 1, do DL 49 381. Este último preceito foi influenciado pelo art. 2394 do *Codice Civile*. Discutem os autores italianos, entre outros aspectos, se esta norma contempla uma acção autónoma ou não autónoma dos credores sociais. Sobre a controvérsia, v. M. ELISABETE RAMOS, *Responsabilidade civil dos administradores e directores de sociedades anónimas perante os credores sociais*, Coimbra Editora, Coimbra, 2002, p. 164 e indicações bibliográficas aí referidas. A reforma de 2003 do *Codice Civile* não alterou substancialmente

Por fim, os administradores são ainda responsáveis, nos termos gerais, *para com sócios e terceiros* pelos danos que directamente lhes causarem no exercício das suas funções (art. 79.º).

1.2. Explicitação dos pressupostos de responsabilidade previstos no art. 78.º, 1, do CSC

Como vimos, o art. 379.º, 2, do CT submete a responsabilidade dos administradores perante os trabalhadores à verificação dos pressupostos dos arts. 78.º e 79.º do CSC. Tais pressupostos, fundantes de responsabilidade dos administradores perante os trabalhadores, funcionam de *forma não cumulativa*, de modo a ser respeitada a autonomia entre a responsabilidade perante os credores da sociedade (art. 78.º) e a responsabilidade para com terceiros (art. 79.º)[22]. O que, por conseguinte, justifica que sejam tratados separadamente.

Comecemos pelo art. 78.º. Há que determinar quais são, no contexto desta norma, os pressupostos que relevam. A remissão do art. 379.º, 2, do CT para o art. 78.º do CSC refere-se aos pressupostos constitutivos da *responsabilidade directa* dos administradores para com os credores sociais, previstos no n.º 1 deste último preceito[23]. Deste modo, é formalmente consagrada

---

a disciplina da responsabilidade dos administradores perante os credores da sociedade. Foi introduzido o art. 2394-*bis,* relativo às acções de responsabilidade nos procedimentos falenciais. Defendendo que o teor literal deste preceito (que utiliza o plural "acções") constitui um argumento no sentido do carácter autónomo da acção dos credores sociais, v. ALESSANDRO SILVESTRINI, in *La riforma...,* p. 498.

[22] Esta autonomia entre a responsabilidade perante os credores sociais e a responsabilidade perante sócios e terceiros não invalida a existência de pontos comuns.

[23] Como vimos, o n.º 2 do art. 78.º pressupõe a responsabilidade dos administradores perante a sociedade.

uma *acção autónoma*[24] pela qual os trabalhadores poderão obter o ressarcimento dos danos provocados por administradores no exercício das suas funções. Depende tal acção dos trabalhadores-credores sociais dos seguintes pressupostos: *a)* inobservância culposa das disposições legais ou contratuais destinadas à protecção dos credores sociais; *b)* insuficiência do património social para a satisfação dos respectivos créditos.

1.2.1. Do primeiro segmento normativo referido resulta inequivocamente que os administradores são responsáveis perante os credores sociais pela prática de *factos ilícitos* e *culposos*[25].

O comportamento do(s) administrador(es) há-de ser *ilícito*, traduzindo-se essa *ilicitude* na "inobservância (...) das disposições legais ou contratuais destinadas à protecção destes [dos credores sociais]". Não é a violação de todo e qualquer dever jurídico que fundamenta esta responsabilidade, antes tão-só a violação de *deveres jurídicos inscritos em normas legais ou contratuais*[26] *destinadas a proteger os credores sociais*. O que nos encaminha para o problema de saber quais as normas destinadas a proteger credores sociais.

---

[24] Há que frisar que a responsabilidade dos administradores perante os trabalhadores não depende da eventual responsabilidade daqueles perante a sociedade administrada.

[25] Ainda que se encontrem relacionadas, é possível a distinção entre a ilicitude e a culpa. A primeira encara o comportamento do agente sob um *ângulo objectivo*, enquanto violação de valores defendidos pela ordem jurídica; a segunda pondera o *lado subjectivo* do comportamento, ou seja, as circunstâncias concretas que o envolveram. Cfr. J. DE MATOS ANTUNES VARELA, *Das obrigações em geral*, vol. I, 8.ª ed., Almedina, Coimbra, 1994, p. 571.

[26] LOBO XAVIER, *ob. cit.*, p. 359, "dificilmente concebe" a existência de disposições contratuais destinadas a proteger credores da sociedade.

É importante evidenciar que a ilicitude recortada pelo art. 78.º, 1, insere-se no quadro mais vasto da chamada *responsabilidade civil pela violação de normas de protecção*, prevista no art. 483.º, 1, 2.ª parte, do CCiv. Valorizando, precisamente, a referida ligação entre o art. 483.º, 1, 2.ª parte, do CCiv. e o art. 78.º, 1, do CSC, julgamos relevantes os critérios delineados pela doutrina jurídico-civil na determinação do que seja uma "norma destinada a proteger interesses alheios". Nesta modalidade de ilicitude, tem-se em vista a ofensa de deveres impostos por lei que, embora proteja interesses particulares, não confere qualquer direito subjectivo a essa tutela. Acrescem, ainda, os seguintes requisitos próprios: *a)* que à lesão dos interesses corresponda a ofensa de uma norma legal; *b)* que se trate de interesses alheios legítimos ou juridicamente protegidos por essa norma e não de simples interesses reflexos ou por ela apenas reflexamente protegidos, enquanto tutela de interesses gerais indiscriminados; *c)* que a lesão se efective no próprio bem jurídico ou no interesse privado que a lei tutela[27].

Seguindo esta linha interpretativa, diremos que, embora a norma violada possa proteger interesses colectivos, nomeadamente o interesse de terceiros em geral, não há-de deixar de intencionar a protecção dos credores sociais.

No universo do CSC, as normas que jurídico-positivamente acolheram a *função de garantia do capital social*[28] podem ser

---

[27] V. M. J. ALMEIDA COSTA, *Direito das obrigações*, 9.ª ed., Coimbra, Almedina, 2003, pp. 515-516, e ainda ANTUNES VARELA, *ob. cit.*, pp. 546, ss..

[28] Questiona-se se o regime do capital social é idóneo para o desempenho da função de garantia de terceiros. Entendendo que tal regime não realiza uma tutela satisfatória dos credores, v. PAULO DE TARSO DOMINGUES, *Do capital social – Noção, princípios e funções*, 2.ª ed., Coimbra Editora, Coimbra, 2004, pp. 220, ss..

apontadas como normas destinadas a proteger os credores sociais. A referida função de garantia do capital social, na estrita medida em que impede determinadas atribuições patrimoniais aos sócios (e, por essa via, promove a conservação de bens patrimoniais na esfera da sociedade), acaba por ter um efeito tutelador dos credores da sociedade. Vejam-se, por exemplo, os arts. 32.º (limites da distribuição de bens aos sócios), 218.º, 295.º (obrigatoriedade de constituição de reserva legal), 317.º, 4 (limites quanto aos bens sociais que podem ser entregues como contrapartida da aquisição de acções próprias) e 236.º (ressalva do capital em caso de amortização de quotas).

Outras normas de protecção dos credores sociais podem ser equacionadas. É o caso das que delimitam a capacidade jurídica das sociedades, que encontramos no art. 6.º do CSC, principalmente no seu n.º 1 ("A capacidade da sociedade compreende os direitos e as obrigações necessários ou convenientes à prossecução do seu fim, exceptuados aqueles que lhe sejam vedados por lei ou sejam inseparáveis da personalidade singular"). Proibindo este artigo certos actos que provoquem a diminuição do património social, ele é tutelador (não só mas também) dos credores sociais[29].

A violação de normas de protecção dos credores sociais não é suficiente para afirmar a responsabilidade dos administradores. Como impõe o art. 78.º, 1, há-de tal violação ser *culposa*. Ou seja, a conduta do administrador merece censura ou reprovação do direito, porque, atendendo às circunstâncias, ele podia ter agido de outro modo. Toma-se aqui a culpa como *imputação do acto ao agente* (está afastada a responsabilidade objectiva). Já o *grau de culpa* não releva para fundar a responsabilidade dos administradores – por exemplo, o CSC não restringe a respon-

---

[29] Sobre a matéria, v. J. M. COUTINHO DE ABREU, *Curso de direito comercial*, vol. II – *Das sociedades*, Almedina, Coimbra, 2002 (3.ª reimpr. 2004), pp. 182, ss..

sabilidade dos administradores a violações grosseiras –, embora possa ter interesse quanto à medida da obrigação de indemnizar (art. 73.º, 2).

Com interesse para o juízo de culpa, importa referir a *habilitação técnica* e a *profissionalização* dos membros do órgão de administração. O CSC não exige, em relação aos membros do órgão de administração, uma especial habilitação técnica ou académica, nem experiência profissional (cfr. arts. 191.º, 3, 252.º, 1, 390.º, 3, 425.º, 5, 470.º, todos do CSC). Não é necessário ser-se perito para integrar o órgão de administração de uma sociedade. Nem por isso, porém, um administrador considerado sem suficiente habilitação ou experiência fica livre de ser julgado culpado. O padrão geral para ajuizar da culpa (aplicável a todos os administradores) é o da (abstracta) "diligência de um gestor criterioso e ordenado" (art. 64.º)[30].

Contudo, como a imposição de uma determinada habilitação dos administradores sociais pode favorecer (pelo menos teoricamente) a boa gestão social, reforçar o investimento, constituir uma garantia de prestígio e fiabilidade da sociedade no mercado, o regime jurídico de determinadas sociedades impõe requisitos de honorabilidade, de profissionalização e de capacidade técnica[31]. A imposição de tais requisitos – além de estreitar

---

[30] Cfr., por último, TÂNIA MEIRELES DA CUNHA, *ob. cit.*, pp. 39, ss., 74.

[31] Entre outros, o DL 298 / 82, de 31 de Dezembro (RGIC), exige nos arts 30.º e 31.º que os administradores sejam pessoas cuja idoneidade dê garantias de gestão sã e prudente, tendo em vista, de modo particular, a segurança dos fundos confiados à instituição; o DL 67 / 97, de 3 de Abril (regula as sociedades desportivas), impõe no art. 13.º que os administradores sejam "gestores profissionalizados"; o DL 558 / 99, de 17 de Dezembro, relativo ao sector empresarial do Estado, determina no art. 15.º, 2, que os administradores sejam escolhidos entre pessoas com "experiência profissional relevante e que ofereçam garantias de um desempenho idóneo"; mais recentemente, o DL 303 / 2003, de 5 de Dezembro, estabelece no art. 41.º que os membros dos órgãos de administração e de fiscalização de sociedades de titularização de créditos devem ser pessoas cuja idoneidade e disponibilidade

a base de recrutamento dos membros do órgão de administração – vai ter implicações na valoração como negligente ou não de uma determinada conduta.

Outros factores com relevo para apreciar a culpa dos administradores são, por exemplo, a posição ocupada no conselho de administração[32] ou a capacidade efectiva de acesso à informação.

Não se incluem no âmbito da responsabilidade prevista no art. 379.º, 2, do CT as consequências imputáveis aos riscos de empresa. Pelos danos decorrentes destas deverão os trabalhadores demandar tão-só a sociedade empregadora. Se em virtude de uma conjuntura desfavorável, a empresa societária entra em crise e deixa de pagar os salários atempadamente, por estes danos é responsável a sociedade; os membros do órgão de administração não estão sujeitos a responsabilidade patrimonial por resultado económico (negativo) da empresa de cariz essencialmente objectivo. O que significa também, é importante salientá-lo, que a responsabilidade perante os trabalhadores não pode, simplesmente, ser inferida do incumprimento pela sociedade ou da insuficiência do património para a satisfação dos débitos. Se, apesar de uma conduta diligente, a situação patrimonial da sociedade se degradou e os créditos dos trabalhadores não foram cumpridos, parece-nos claro que não procederá a acção da responsabilidade fundada no art. 379.º, 2[33].

---

dêem garantias de gestão sã e prudente, devendo possuir a experiência profissional adequada ao exercício das suas funções (a condenação por determinados crimes – p. ex., abuso de informação, manipulação de mercado, falência dolosa ou não intencional – e a situação de falido, constituem, além de outros, indícios de falta de idoneidade).

[32] Veja-se o art. 407.º, 5, do CSC.

[33] Convém lembrar que, pese embora a inserção sistemática do art. 379.º, 2 (integrado na secção relativa às "Garantias dos créditos"), os administradores não devem ser tidos como garantes dos créditos dos trabalhadores.

1.2.2. Prescreve o art. 78.º, 1 do CSC que os administradores são responsáveis perante os credores sociais quando o património social se tenha tornado insuficiente para a satisfação dos respectivos créditos. A insuficiência patrimonial aqui convocada traduz-se na *insuficiência do activo para satisfazer o passivo social*[34]. Publicado o CIRE[35], é necessário averiguar se, à luz deste diploma, há espaço para distinguir entre o requisito da insuficiência patrimonial (previsto no art. 78.º, 1, CSC) e o da insolvência[36].

Diz o art. 3.º, 1, do CIRE que "é considerado em situação de insolvência o devedor que se encontre impossibilitado de cumprir as suas obrigações vencidas". São, pois, possíveis zonas de sobreposição em que a insolvência da sociedade se deve a uma insuficiência do património (com um passivo superior ao activo). Porém, continua a ser possível estabelecer a distinção. Na verdade, a impossibilidade de cumprir as obrigações vencidas não tem de equivaler à inferioridade do activo em relação ao passivo. O devedor pode estar impossibilitado de pagar aos credores e, no entanto, ter no seu património valores superiores às dívidas que o oneram; pode simplesmente não ter dinheiro líquido, mas ter bens de valor mais do que suficiente para fazer face aos seus débitos. Como pode dar-se o inverso: o devedor ter, em dado momento, activo inferior ao passivo, mas

---

[34] Na vigência do DL 49 381, v., no mesmo sentido, Raúl Ventura/ /Brito Correia, *ob. cit.*, BMJ n.º 195 (1970), p. 67; Pinto Furtado, *ob. cit.*, p. 411; à luz do actual art. 78.º, 1, do CSC, v. M. Elisabete Ramos, *Responsabilidade civil ...*, pp. 228, ss..

[35] Aprovado pelo DL 53 / 2004, de 18 de Março, e já alterado pelo DL 200 / 2004, de 18 de Agosto.

[36] Considerando que a insuficiência patrimonial exigida pelo art. 78.º, 1, do CSC equivale à insolvência definida no art. 3.º, 1, do CREF, v. M. Pupo Correia, *Sobre a responsabilidade por dívidas sociais dos membros dos órgãos da sociedade*, ROA, 2001, II, p. 685, A. Pereira de Almeida, *Sociedades comerciais*, 3.ª ed., Coimbra Editora, Coimbra, 2003, p. 175.

dispor de crédito, isto é, ter alguém que lhe forneça meios para ir satisfazendo as suas dívidas à medida que se forem vencendo; ou podem os credores adiar prazos que lhe permitam ir pagando as dívidas vencidas. Deste modo, ainda que não se ignore a proximidade entre a impossibilidade de cumprir as obrigações vencidas, própria da insolvência, e a insuficiência patrimonial, é certo que, à luz do art. 3.º, 1, do CIRE há espaço para a distinção.

Porém, acrescenta o art. 3.º do CIRE, no n.º 2, que as "pessoas colectivas e os patrimónios autónomos por cujas dívidas nenhuma pessoa singular responda pessoal e ilimitadamente, por forma directa ou indirecta, são também considerados insolventes quando o seu passivo seja manifestamente superior ao activo, avaliados segundo as normas contabilísticas aplicáveis". Foi assim recuperado o critério específico que, entre o Código de Falências e o CREF, vigorou para as "sociedades de responsabilidade limitada"[37]. Por força do art. 3.º, 2, do CIRE aumenta a zona de sobreposição entre a insuficiência patrimonial e a insolvência. O que significa que, no caso das sociedades – por quotas e anónimas, essencialmente –, a insuficiência patrimonial

---

[37] Na verdade, o art. 2.º, § 1, do Código de Falências (DL 25 981, de 26 de Outubro de 1935), determinava que "nas sociedades de responsabilidade limitada a falência pode ser declarada com fundamento na insuficiência manifesta do activo para satisfação do passivo". Em 1939, o CPC (arts. 1135.º a 1354.º) reproduziu quase todas as disposições do Código de Falências, incluindo a daquele art. 2.º, § 1.º (no art. 1136.º, § 1.º). O CPC de 1961 continha preceito idêntico no art. 1174.º, 2.

No Relatório que precedeu o Código de Falências, da autoria do Ministro Manuel Rodrigues, foi apresentada a seguinte justificação: "Nas sociedades de responsabilidade limitada o crédito propriamente pessoal não existe e a sua organização é de tal ordem que a sua actividade é ou deve ser bem conhecida das pessoas a quem interessa. Daqui resulta que a impossibilidade de pagar anda normalmente ligada à insuficiência do activo, motivo por que em relação às sociedades se estabelece o princípio de que poderão ser declaradas falidas quando o activo for inferior ao passivo" (cfr. ALBERTO DOS REIS, *Processos especiais*, vol. II, Coimbra Editora, Coimbra, 1982, p. 319).

releva não só como requisito da responsabilidade civil dos administradores perante os credores sociais, mas também como pressuposto objectivo do processo de insolvência[38].

1.3. Os pressupostos previstos no art. 79.º, 1 do CSC

O art. 379.º, 2, do CT, ao remeter para o art. 79.º do CSC, afirma a responsabilidade pessoal e directa dos administradores para com os trabalhadores-terceiros.

Prescreve o art. 79.º, 1, do CSC que "os gerentes, administradores ou directores respondem também, nos termos gerais, para com os sócios e terceiros pelos danos que directamente lhes causarem no exercício das suas funções". Decompomos a norma em dois segmentos: *a)* responsabilidade nos "termos gerais"; *b)* no exercício das funções, os administradores causam directamente danos aos trabalhadores-terceiros.

Comecemos pela remissão para os "termos gerais". Visa esta remissão o regime previsto nos arts. 483.º e ss. do CCiv.. Em matéria de ilicitude, é de questionar se são relevantes, para este efeito, as duas modalidades previstas no art. 483.º, 1[39], ou se deve perfilhar-se um entendimento restritivo que limite a responsabilidade dos administradores à violação de normas legais destinadas à protecção de interesses alheios. Parece-nos que os administradores podem ser responsabilizados pelos trabalhadores-terceiros, quer porque eles violaram direitos subjectivos absolutos destes (*v.g.*, direitos de personalidade, como a liberdade de expressão e de opinião, a reserva da intimidade da vida privada,

---

[38] O que não põe em causa, ainda assim, a autonomia e especificidade de cada uma das figuras.

[39] O art. 483.º, 1, apresenta duas variantes de ilicitude: a violação de direitos (absolutos) e a violação de normas legais destinadas a proteger interesses alheios.

a integridade física e moral[40]), quer porque violaram normas legais destinadas a proteger interesses dos trabalhadores (por exemplo, as dos arts. 22.º ss. – igualdade e não discriminação – e 272.º, ss. – segurança, higiene e saúde no trabalho – do CT)[41].

Além da ilicitude – e da culpa dos administradores[42] – "nos termos gerais", o art. 79.º, 1, do CSC (conjugado com o art. 379.º, 2, do CT) torna ainda necessário que aqueles, "no exercício das suas funções", isto é, durante e por causa da sua actividade de gestão e / ou representação social[43], causem danos *directamente* a trabalhador(es) da sociedade. Quer dizer, a relação de causalidade (adequada – cfr. o art. 563.º do CCiv.) entre o facto (ilícito e culposo) do administrador e o dano dos trabalhadores há-de ser directa ou imediata. Assim, os administradores não respondem perante os trabalhadores quando o prejuízo

---

[40] Os direitos de personalidade encontram, hoje, acolhimento formal nos arts 15.º a 21.º do CT. Repare-se que os trabalhadores que sofram ofensas à integridade física ou moral, liberdade, honra ou dignidade, puníveis por lei, praticadas pelo empregador ou por seu representante legítimo poderão fazer cessar o contrato de trabalhado, invocando justa causa (art. 441.º, 2, f), do CT). Sendo então devida ao(s) trabalhador(es) uma indemnização calculada nos termos do art. 443.º. Várias formas de controlo por parte do empregador (*v.g.*, vigilância audiovisual, através de aparelhos de escuta, ou até ciber-vigilância) podem consubstanciar ofensas ilícitas aos direitos de personalidade do trabalhador – acerca destes problemas, v. TERESA A. COELHO MOREIRA, *Da esfera privada do trabalhador e o controlo do empregador*, Coimbra Editora, Coimbra, 2004, pp. 239, ss..

[41] Sobre a possibilidade de o art. 64.º do CSC funcionar como norma de protecção dos trabalhadores-terceiros – na medida em que impõe aos administradores o dever de actuarem tendo também em conta os interesses dos trabalhadores –, v. COUTINHO DE ABREU, *Curso....*, pp. 298-302.

[42] Sobre esta, v. o exposto *supra*, no n.º 1.2.1.

[43] "Em princípio, os actos praticados *fora* do exercício de funções – incluindo os actos praticados *durante, mas não por causa desse exercício* vinculam o administrador do mesmo modo que vinculariam qualquer outra pessoa que os praticasse, estando sujeitos ao regime da responsabilidade civil comum" (RAÚL VENTURA / BRITO CORREIA, *ob. cit.*, BMJ n.º 192, 1970, p. 13).

sofrido por estes seja consequência ou reflexo das perdas por aqueles causadas no património social. Não obstante, é possível que um mesmo facto ilícito dos administradores prejudique simultaneamente o património social e (directamente) o dos trabalhadores, havendo então espaço quer para a acção de responsabilidade para com a sociedade, quer para a acção de responsabilidade para com trabalhadores-terceiros[44].

1.4. *A remissão para outros aspectos da disciplina jurídico--societária*

Com a remissão para os "moldes aí estabelecidos" (formulação algo imprecisa), o art. 379.º, 2, do CT convoca a regulamentação do CSC quanto a outros aspectos relativos à responsabilidade civil pela administração. Vejamos alguns deles.

A responsabilidade dos administradores para com os trabalhadores-credores não é excluída pela renúncia da sociedade ao seu direito de indemnização ou pela transacção sobre ele (art. 78.º, 3, do CSC).

Também não é causa de exclusão de responsabilidade o facto de o acto ou omissão dos administradores assentar em deliberação dos sócios. Isto é assim tanto relativamente aos trabalhadores-credores (art. 78.º, 3)[45] como quanto aos trabalhadores-terceiros. Com relação a este último ponto, parece resultar o contrário do art. 79.º, 2, do CSC, na medida em que remete para "o disposto nos n.ᵒˢ 2 a 5 do art. 72.º", também, portanto, para o n.º 4 do art. 72.º[46]. Mas também aqui há que interpretar restritivamente aquela parte do n.º 2 do art. 79.º, desatendendo a remissão para o n.º 4 do art. 72.º[47]. Porquanto:

---

[44] Cfr. SILVESTRINI, *ob. cit.*, p. 508 (citando também Frè e Bonelli), em anotação ao art. 2395 do *Codice Civile*, semelhante ao nosso art. 79.º.

[45] V. *supra*, n.º 1.1., a interpretação dos n.ᵒˢ 3 e 5 do art. 78.º.

[46] Com este entendimento, v. TERESA S. ANSELMO VAZ, *A responsabilidade do accionista controlador*, OD, 1996, p. 368.

[47] Cfr. *supra* o local indicado na penúltima nota.

a) o n.º 4 do art. 72.º refere-se à exoneração de responsabilidade para com a sociedade, e o art. 79.º trata da responsabilidade para com terceiros (e sócios);

b) as deliberações dos sócios que determinem ou permitam aos administradores a violação de direitos de terceiros ou de normas legais tuteladoras dos seus interesses (cfr. arts. 79.º, 1, do CSC e 483.º, 1, do CCiv.) são nulas nos termos do art. 56.º, 1, d), do CSC (as normas consagrando aqueles direitos ou tutelando os referidos interesses são imperativas, não permitem derrogação por vontade dos sócios) – pelo que estaria fora de causa qualquer capacidade exoneratória de responsabilidade de tais deliberações (cfr. art. 72.º, 4, *a contrario*)[48];

c) o art. 24.º, 2, do DL 49 381 – correspondente ao art. 79.º, 2, do CSC – remetia somente, como vimos atrás, para o n.º 3 do art. 17.º (correspondente ao n.º 2 do art. 72.º do CSC), sem qualquer menção ao n.º 4 desse art. 17.º – idêntico ao n.º 4 do art. 72.º do CSC (o lapso cometido no n.º 5 do art. 78.º foi repetido no n.º 2 do art. 79.º...).

Segundo o art. 74.º, 1, do CSC, é nula a cláusula, inserta ou não no estatuto de sociedade, que exclua ou limite a responsabilidade dos administradores. Por força das remissões do art. 379.º, 2, do CT e dos arts. 78.º, 5, e 79.º, 2, do CSC, isso vale também para a responsabilidade dos administradores para com os trabalhadores credores ou terceiros. São, pois, nulas as cláusulas insertas em contrato de trabalho (redigido pela administração da sociedade empregadora) que, por exemplo, excluam a responsabilidade dos administradores em casos de simples culpa ou imponham um limite máximo de indemnização.

---

[48] Algo próximo, quanto a este ponto, do aqui defendido, v. PEREIRA DE ALMEIDA, *ob. cit.*, pp. 178-179.

Quando sejam responsáveis perante os trabalhadores credores ou terceiros dois ou mais administradores, a responsabilidade destes é solidária – art. 73.º do CSC, para que remetem os arts. 78.º, 5, e 79.º, 2.

1.5. A natureza extracontratual da responsabilidade civil prevista no art. 379.º, 2, do CT

A sujeição da responsabilidade dos administradores perante os trabalhadores aos pressupostos dos arts. 78.º e 79.º do CSC imprime a esta responsabilidade carácter *extracontratual*[49]. Como facilmente se percebe, objecto de regulamentação do art. 379.º, 2, do CT não é a frustração de uma relação negocial (que não existe) entre, por um lado, os administradores e, por outro, os trabalhadores da sociedade (os trabalhadores estão contratualmente ligados à sociedade empregadora).

Pese embora a circunstância de não existir "distinção essencial" entre responsabilidade contratual e extracontratual, é certo que, no contexto da nossa ordem jurídica, a distinção continua a ser *normativamente consequente*[50]. Pense-se, por exemplo, no *ónus da prova da culpa*. Tanto o CT como o CSC nada dizem quanto à distribuição do ónus da prova da culpa em matéria de responsabilidade dos administradores. A resposta encontra-se no CCiv.. Sendo a responsabilidade prevista no art. 379.º, 2, do CT de natureza extracontratual, é "ao lesado que incumbe provar a culpa do autor da lesão" (art. 487.º, 1, do CCiv.). Ou seja, compete aos trabalhadores / autores provar a culpa dos administradores[51].

---

[49] Neste sentido, cfr. o Ac. do STJ de 25 / 11 /1997, CJ (ASTJ), 1997, t. III, pp. 140, ss..

[50] V. ALMEIDA COSTA, *ob. cit.*, pp. 495, ss..

[51] A sociedade, ao contrário dos credores e terceiros em geral, beneficia de uma presunção de culpa dos administradores (art. 72.º, 1, do CSC, *in fine*) – o que, aliás, já resultaria do art. 799.º, 1, do CCiv., relativo à responsabi-

2. A solidariedade entre os administradores e o empregador

O n.º 2 do art. 379.º do CT começa por dizer que os administradores respondem "nos termos previstos no artigo anterior". Esta remissão (mais uma – e também ela imprecisa) parece significar que pela obrigação de indemnizar os trabalhadores credores ou terceiros são solidariamente responsáveis o(s) administrador(es) e a sociedade empregadora. Estará fora da remissão, portanto, a parte inicial do art. 378.º ("Pelos montantes pecuniários resultantes de créditos emergentes do contrato de trabalho e da sua violação ou cessação, vencidos há mais de três meses") – a responsabilidade prevista no art. 379.º, 2, pode respeitar a outros créditos (dos trabalhadores-credores ou dos trabalhadores-terceiros) que não os mencionados no trecho transcrito.

A solidariedade entre administradores e empregador é de fonte legal e reveste a modalidade passiva. Quer isto dizer que o trabalhador credor da indemnização tem o direito de exigir de qualquer dos devedores – administrador(es) ou sociedade – toda a prestação devida, ou parte dela (art. 519.º, 1, do CCiv.), sem que seja lícito a qualquer deles opor o benefício da divisão (art. 518.º do CCiv.). Mas – atendendo à função garantística da solidariedade prevista no art. 378.º do CT – se a sociedade empregadora pagar toda ou parte da indemnização ao trabalhador, terá direito de regresso contra o(s) administrador(es) por toda a importância que haja pago[52].

Note-se, entretanto, que chegaríamos aos mesmos resultados seguindo a via apontada pelo art. 6.º, 5, do CSC: "A socie-

---

lidade contratual. No entanto, o art. 24.º, 1, b), da LGT consagra uma presunção de culpa do gestor pelo não pagamento de dívidas tributárias. Sobre esta presunção de culpa, v. TÂNIA MEIRELES DA CUNHA, ob. cit., pp. 188, ss..

[52] Cfr., embora num quadro mais restrito do que o do art. 378.º do CT, JOSÉ ENGRÁCIA ANTUNES, *Os grupos de sociedades – Estrutura e organização jurídica da empresa plurissocietária*, 2.ª ed., Almedina, Coimbra, 2002, pp. 817-818.

dade responde civilmente pelos actos ou omissões de quem legalmente a represente, nos termos em que os comitentes respondem pelos actos ou omissões dos comissários". Assim, a sociedade empregadora é responsável perante os trabalhadores quando para com eles também os administradores sejam responsáveis nos termos dos arts. 78.º, 1, e 79.º, 1, do CSC (v. o art. 500.º, 1, do CCiv.)[53]. Por sua vez, a sociedade, se satisfizer a indemnização, tem o direito de exigir do(s) administrador(es) o reembolso de tudo quanto haja pago (art. 500.º, 3, do CCiv.). Parecendo certo que, quando os administradores são responsáveis para com credores ou terceiros (arts. 78.º, 79.º do CSC), não haverá "também culpa" da sociedade, limitadora do direito de regresso (v. ainda o citado art. 500.º, 3). Pois que, ainda quando o comportamento dos administradores assente em deliberação dos sócios, esta será nula (como dissemos atrás) e, portanto, juridicamente não determinante dos actos dos administradores (nem exoneradora de responsabilidade, quer perante credores e terceiros, quer perante a sociedade).

3. Caução e seguros de responsabilidade dos administradores

Na sequência do art. 174.º do CCom.[54], prescreve o n.º 1 do art. 396.º do CSC que a responsabilidade de cada administrador de sociedade anónima deve ser *caucionada* por alguma

---

[53] O Ac. da RL de 30 / 3 / 95, CJ, 1995, t. II, pp. 98, ss., decidiu que "pela indemnização por danos ilicitamente causados aos direitos de personalidade de terceiro pelo funcionamento de um bar pertencente a uma sociedade comercial, são responsáveis, *solidariamente*, o gerente dessa sociedade, que o dirigia e mantinha em actividade (art. 483.º, n.º 1, do Código Civil e 79.º, n.º 1, do Cód. Soc. Comerciais) e a própria sociedade (arts. 6.º, n.º 5 deste Código e 500.º, n.º 1 do Cód. Civil)".

[54] O revogado art. 174.º dizia: "Os directores caucionarão sempre a sua gerência na forma estabelecida nos estatutos e, no silêncio destes, pela que for determinada em assembleia geral, sem o que não poderão entrar em exercício".

das formas admitidas por lei (v. o art. 623.º do CCiv.), na importância que for fixada no estatuto social, mas não inferior a 5 000 euros[55].

A favor de quem é prestada esta caução? A favor tão-só da sociedade, ou também dos outros sujeitos perante os quais os administradores podem responder (credores sociais, sócios e terceiros, incluindo pois os trabalhadores)? Parece resultar do art. 396.º estarmos diante de uma garantia de obrigações de indemnização dos administradores para com a sociedade. Com efeito, compete aos sócios fixar no estatuto social a importância (igual ou superior ao mínimo legal) da caução (n.º 1), a eles competindo também dispensá-la (excepto nas sociedades abertas) através de deliberação ou do estatuto social (n.º 3)[56]; por outro lado, a caução pode ser substituída por um contrato de seguro "a favor da sociedade" (n.º 2) [57-58].

Diferentemente sucede com o *seguro de responsabilidade civil* dos administradores, pelo qual uma entidade seguradora se obriga, mediante retribuição (o prémio do seguro), a pagar a

---

[55] Este dever vale também para os directores de sociedades anónimas (art. 433.º, 2) e os gerentes das sociedades em comandita por acções (art. 478.º). Nas sociedades de outros tipos poderão os estatutos estabelecer o dever de caução.

[56] V. tb. o art. 433.º, 2.

[57] O seguro de caução é regulado pelo DL 183 / 88, de 24 de Maio, alterado pelos DL 127 / 91, de 22 de Março, e 214 / 99, de 15 de Junho. Segundo o art. 6.º, 1, o seguro de caução cobre, directa ou indirectamente, o risco de incumprimento ou atraso no cumprimento das obrigações que, por lei ou convenção, sejam susceptíveis de caução, fiança ou aval. Entendeu o Ac. do STJ de 11 / 3 / 1999, CJ(ASTJ), 1999, t. I, pp. 157-158, que o seguro de caução tem finalidade idêntica à garantia bancária e, pese embora o nome, não é um verdadeiro e próprio seguro.

[58] Orientação similar parece indicar RAÚL VENTURA, *Novos estudos sobre sociedades anónimas e sociedades em nome colectivo*, Almedina, Coimbra, 1994, p. 200: "Apesar disso, propus no Projecto aquilo que veio a ser o actual art. 396.º C.S.C.. É que não pareceu correcto retirar aos *accionistas* portugueses uma garantia (...)" – itálico nosso.

indemnização devida pelos administradores não só à sociedade mas também a terceiros (incluindo trabalhadores)[59].

Em matéria de seguros dos administradores destaca-se a experiência dos países anglo-saxónicos, onde se encontra fortemente divulgada a figura do "directors and officers insurance" (abreviadamente "D & O insurance"). É um seguro que cobre despesas em que incorreriam, quer os administradores e executivos por causa de acções judiciais de responsabilidade (despesas processuais e / ou indemnizações), quer a sociedade que legal ou estatutariamente estivesse obrigada a reembolsar aqueles de tais despesas[60]. Tem-se reconhecido que o "D & O insurance", além de proteger os administradores e executivos, é igualmente vantajoso para a sociedade, que paga o respectivo prémio – sobretudo por possibilitar que ela atraia pessoas mais qualificadas para

---

[59] Este seguro diferencia-se do seguro de caução, que, como vimos, cobre apenas o risco de incumprimento (ou atraso no cumprimento) de obrigações susceptíveis de caução, fiança ou aval. Tanto o seguro de responsabilidade civil como o seguro de caução integram o ramo "não vida". Todavia, pertencem, neste tronco comum, a ramos diversos: o primeiro ocupa o ramo "responsabilidade civil geral", o segundo integra o ramo "caução" – v. o art. 123.º do DL 94-B / 98, de 17 de Abril.

[60] V. ROBERT C. CLARK, *Corporate Law*, Little, Brown and Company, Boston / Toronto, 1986, pp. 668-669, ROBERT W. HAMILTON, *The Law of Corporations in a Nutshell*, West Publishing Company, 2000, pp. 524, 532-533.

Em textos normativos, vejam-se, a título de exemplo, o § 145 da DGCL, epigrafado "Indemnification of officers, directors, employees and agents; insurance", e os §§ 8.51, 8.52, 8.56, 8.57 do MBCA. Prevê o § 8.57 do MBCA que "a corporation may purchase and maintain insurance on behalf of an individual who is a director or officer of the corporation (...) against liability asserted against or incurred by him in that capacity or arising from his status as a director or officer, whether or not the corporation would have power to indemnify or advance expenses to him against the same liability under this subchapter". "Liability" significa, para os efeitos desta disposição, "the obligation to pay a judgement, settlement, penalty, fine (including an excise tax assessed with respect to an employee benefit plan), or reasonable expenses incurred with respect to a proceeding"– § 8.50(5).

a administração (pessoas que, sem o seguro, muitas vezes não se sujeitariam a riscos vários de litigância e responsabilidade civil)[61]. Note-se, entretanto, que o seguro não cobre todo e qualquer prejuízo causado pelos administradores; cobre os resultantes de actuação negligente, não os provocados por actos dolosos, por exemplo[62].

Fora dos países anglo-saxónicos, os seguros de responsabilidade civil dos administradores estão menos vulgarizados. Mas, seguindo o modelo do "D & O insurance", são cada vez mais frequentes em alguns destes países[63]. Em Portugal, pelo que pudemos apurar, são praticamente desconhecidos.

Entre nós (mas não só), não deixa de ser um problema a admissibilidade destes seguros – quando os prémios são pagos pelas sociedades –, em face de uma disciplina legal que visa (também) prevenir comportamentos não diligentes dos administradores e que expressamente proíbe cláusulas de exclusão ou limitação da responsabilidade (art. 74.º, 1, do CSC). Contudo, estes óbices são superáveis:

a) a pressão das regras da responsabilidade sobre os administradores, embora diminuída, mantém-se – especialmente porque são excluídos da cobertura do seguro certos comportamentos (os dolosos, por exemplo)[64];

---

[61] V. CLARK, ob. cit. pp. 673-674, HAMILTON, ob. cit., p. 525.

[62] Para diversos exemplos de riscos excluídos, v. últs. AA. cits., pp. 669-670 e 533-534, respectivamente.

[63] V., p. ex., ELENA F. PÉREZ CARRILLO, La administración de la sociedad anónima, Marcial Pons, Madrid, 1999, pp. 229, ss., MEINRAD DREHER, Der Abschluss von D & O - Versicherungen und die aktienrechtliche Zuständigkeitsordnung, ZHR, 2001, pp. 294-295.

[64] V., p. ex., KLAUS HOPT, in AktG – Großkommentar, 4. Aufl., 11. Lieferung, de Gruyter, Berlin, New York, 1999, p. 226 (informa o A., ibid., pp. 225-226, que a maioria dos autores considera ser admissível a sociedade pagar o prémio do seguro), DREHER, ob. cit., p. 310; v. tb. as considerações de DIOGO LEITE DE CAMPOS, A responsabilidade do administrador e o seu seguro, in A responsabilidade civil profissional e de empresa e o seu seguro,

b) o seguro não exclui ou limita propriamente a responsabilidade dos administradores – diminui sim o risco de os administradores pagarem as respectivas indemnizações;

c) a sociedade, apesar de pagar o prémio, também é favorecida pelo seguro (como referimos a propósito da experiência norte-americana) – favorecidos sendo também os credores sociais e terceiros;

d) se os administradores fossem obrigados a pagar o prémio do seguro, seria natural que a sociedade os tivesse de reembolsar da respectiva importância, designadamente através de aumento das retribuições[65];

e) a admissibilidade de a sociedade pagar o prémio tem ainda a seu favor o art. 396.º, 2, do CSC: os encargos do seguro de caução podem ser suportados pela sociedade na parte em que a indemnização exceda 5000 euros.

4. Responsabilidade dos administradores de facto

Os arts. 78.º e 79.º do CSC, para que remete o art. 379.º do CT, referem-se, naturalmente, em primeiro lugar aos "gerentes, administradores ou directores" *de jure* (devidamente designados e que se mantêm regularmente em funções).

Imagine-se agora as seguintes situações:

a) uma pessoa *actua notoriamente como se fora administrador de direito, mas sem título bastante*:

   i) a designação (-título) da pessoa como administrador é nula (*v.g.*, por ser nula a deliberação que a elegeu);

Colóquio Luso-Francês promovido pelas Secções Portuguesa e Francesa da Association Internationale du Droit de L'Assurance, Lisboa, 1973, pp. 59-60.

[65] Cfr. CLARK, *ob. cit.*, p. 673, C. PAZ-ARES, *La responsabilidad de los administradores como instrumento de gobierno corporativo*, RdS n.º 20, 2003, p. 97.

ii) o título (originariamente válido) caducou ou foi extinto (*v.g.*, o administrador não teve caucionada nos trinta dias seguintes à designação a sua responsabilidade – v. o art. 396.º, 4, do CSC – ou foi destituído);
iii) não existe qualquer título (válido ou inválido) – *v.g.*, a pessoa começou a actuar como gerente depois da morte do pai, que era gerente de direito, com conhecimento dos restantes sócios e gerentes (mas sem qualquer deliberação ou outro acto de designação);

b) uma pessoa (*v.g.*, sócio dominante que não quer expor-se aos riscos do estatuto de administrador) *ostenta um estatuto diverso do de administrador* (*v.g.*, director geral, gerente de comércio, procurador para a prática de determinada categoria de actos), *mas desempenha funções de gestão com a autonomia própria dos administradores de direito*;

c) uma pessoa *sem qualquer cargo de administração ou função profissional na sociedade determina habitualmente a actuação dos administradores de direito* (*v.g.*, uma pessoa declarada inibida para ocupar cargos societários é sócio e comanda os administradores da sociedade, uma sociedade-sócio dominante – no contexto de "relações de domínio" – dá instruções que os administradores da sociedade dominada costumam acatar).

São tudo situações de "administradores de facto". Embora seja frequente distinguir-se entre administradores de facto e "administradores na sombra"[66]. No quadro traçado, os primeiros são os compreendidos na al. *a)* – administradores de facto aparentes – e na al. *b)* – administradores de facto ocultos sob outro

---

[66] Por exemplo, no Reino Unido, onde se contrapõem os *de facto directors* e os *shadow directors* (o administrador na sombra é definido na sec. 741 (2) do *Companies Act* de 1985 como "a person in accordance with whose directions or instructions the directors of company are accustomed to act") – v. FARRAR'S *Company Law*, 4th ed. Butterworths, London, Edinburgh and Dublin, 1998, pp. 336-338.

título (que não o de administrador); apesar das diferenças (aqueles apresentam-se publicamente como administradores de direito, os outros não), uns e outros exercem *directamente* funções de gestão próprias dos administradores *de jure* e com a autonomia característica destes[67]. Por sua vez, os administradores na sombra são compreendidos na al. *c)*; estes, diferentemente dos restantes, não exercem directamente funções de gestão, dirigem antes os administradores de direito que as desempenham[68]. Contudo, para efeitos da responsabilidade civil, parece ajustado considerar "administradores de facto" todos os administradores dos três tipos mencionados[69]. Avançando uma noção, diremos

---

[67] Referimos somente funções de gestão – p. ex., planeamento, comando e controlo últimos no provimento dos meios materiais, financeiros e humanos (cfr., no CSC, o art. 406.º) –, não também funções de representação, pois os citados administradores ocultos, quando as exercem, actuam não a título de administradores de direito mas como mandatários, procuradores, etc. (cfr., p. ex., arts. 252.º, 6, do CSC, 231.º, ss. e 248.º, ss., do CCom., 111.º, 3, do CT).

[68] Claro que também não exercem funções de representação. Tal como os incluídos na al. *b)*, são administradores ocultos.

[69] Não assim para efeitos de *vinculação* da sociedade. Os administradores ocultos (os referidos quer na al. *b)* quer na al. *c)*, não aparecendo perante terceiros como administradores de direito (como representantes orgânicos), não podem vincular a sociedade enquanto administradores (os administradores ocultos sob outro título – al. *b)* – poderão representar-vincular a sociedade, mas a título diverso do de administradores). Já os administradores aparentes (al. *a)*), porque aparecem como administradores de direito aos terceiros (que confiam nessa aparência) e porque os sócios conhecem e toleram o comportamento deles (estão fora de causa os meros usurpadores das funções de administrador), vincularão a sociedade (a vinculação é certa se a designação dos administradores ainda estiver registada – com referência sobretudo aos casos ii) e i) da al. *a)*; v. o CRCom., arts. 3.º, m), 11.º, 14.º, 1) – v. no mesmo sentido, com indicações bibliográficas, A. PERDICES HUETOS, *Significado actual de los "administradores de hecho": los que administran de hecho y los que de hecho administran*, RdS, n.º 18, 2002, pp. 280-282 (acrescente-se que também Perdices, *ibid., passim*, defende uma noção lata de administrador de facto, abarcando quer o notório quer o oculto, compreendendo este, por sua vez, o que actua no tráfico sob outra aparência

que é *administrador de facto (em sentido amplo) quem, sem título bastante, exerce, directa ou indirectamente e de modo autónomo (não subordinadamente) funções próprias de administrador de direito da sociedade*[70].

Os administradores de facto (em sentido amplo) hão-de estar sujeitos a responder civilmente para com a sociedade e terceiros (entendidos latamente). Tal como os administradores de direito, eles *administram*; devem por isso igualmente *cumprir as regras da correcta administração*, sob pena de arcarem com as *respectivas responsabilidades*. Esta perspectiva funcional (que atende às funções de administração efectivamente exercidas, não à qualificação formal do sujeito como administrador *de jure*) será suficiente para concluir que os arts. 72.º, ss. do CSC (incluindo os arts. 78.º e 79.º, para que remete o art. 379.º, 2, do CT) são directamente aplicáveis (também) aos administradores de facto[71-72].

---

e o administrador na sombra). Também nos EUA se aceita que os "de facto directors" (não ocultos) vinculam as respectivas sociedades. Com justificação singela: a doutrina dos administradores de facto baseia-se em princípios de interesse público e necessidade prática; ela legaliza certos actos societários irregulares na medida do necessário para proteger pessoas que negoceiam com a sociedade (acreditando estar esta bem representada) e o público. V., p. ex., Cox & Hazen *On Corporations*, 2 nd ed., vol. I, Aspen, New York, 2003, pp. 364, ss..

[70] Para outras noções (menos amplas), v. Niccolò Abriani, *Riforma del diritto societario e responsabilità dell'amministratore di fatto: verso una nozione unitaria dell'istituto?*, Le Società, 2000, p. 220, Francesco Galgano, *Il nuovo diritto societario*, Cedam, Padova, 2003, p. 281, Cox & hazen, *ob. cit.*, pp. 363-364. V. ainda Perdices Huetos, *ob. cit.*, p. 281.

[71] Porém, algumas situações de responsabilidade de certos administradores de facto entram no campo de aplicação do art. 83.º, 4, do CSC, para que remete o art. 379.º, 1, do CT (v. *infra* II).

[72] A conclusão idêntica (equiparação de administradores de direito e de facto para aplicação das normas próprias da responsabilidade civil dos administradores) têm chegado jurisprudência e doutrina estrangeiras. V., p. ex., para a Alemanha Hopt, *ob. cit.*, pp. 73, 74, ss., e para a Itália (com referência a doutrina e jurisprudência mais recentes) Abriani, *ob. cit.*, pp. 216, ss..

Tal asserto não tem expressão explícita no texto dos arts. 72.º, ss. do CSC. Mas a letra da lei também não o infirma. E a *ratio* das normas confirma-o.[73] Não obstante, têm alguns autores procurado apoio no art. 80.º do CSC para a aplicação dos arts. 72.º-79.º aos administradores de facto[74].

Diz o art. 80.º: "As disposições respeitantes à responsabilidade dos gerentes, administradores e directores aplicam-se a outras pessoas a quem sejam confiadas funções de administração". Não é fácil descobrir o alcance do preceito (se é que tem algum). A propósito do art. 25.º do DL 49 381 (correspondente ao art. 80.º do CSC), os responsáveis pela sua redacção concluíam assim: "No estado actual da nossa lei, o artigo 25.º abrange: *a*) titulares de órgãos de administração, além do conselho de administração, legalmente constituídos; *b*) casos de atribuição das funções que legalmente pertencem ao conselho de adminsitração a outros órgãos, individuais ou colectivos, seja qual for a designação destes"[75]. Esta conclusão, discutível já na

---

[73] No entanto, a secção comercial da *Cour de cassation* francesa, interpretando literalmente preceitos da lei societária correspondentes aos arts. 72.º, ss. do CSC, tem recusado aplicá-los aos administradores de facto, aplicando-lhes antes as regras gerais da responsabilidade civil. Contra a opinião da grande maioria da doutrina (e a equiparação dos administradores de direito e de facto para efeitos de responsabilidade fiscal e criminal é tradicional no *Conseil d'État* e na secção criminal da *Cour de cassation*). V. N. DEDESSUS-LE-MOUSTIER, *La responsabilité du dirigeant de fait*, Rev. Soc., 1997, pp. 516, ss..

[74] M. ELISABETE RAMOS, *ob. cit.*, pp. 180, ss., T. MEIRELES DA CUNHA, *ob. cit.*, pp. 76, ss..

[75] RAÚL VENTURA/BRITO CORREIA, *ob. cit.*, BMJ n.º 195 (1970), p. 26. Antes (*Ibid.*, pp. 25-26), os AA. haviam excluído do campo de aplicação do art. 25.º pessoas que, não fazendo parte dos órgãos societários, recebem pelos estatutos ou por actos posteriores o poder de praticar actos de administração (p. ex., directores-gerais, mandatários e procuradores, agentes de administração). Pois a responsabilidade destas pessoas é disciplinada (com relação à sociedade) pelas regras dos contratos respectivos (de mandato, de trabalho, etc.) e da responsabilidade contratual geral (sendo disciplinada,

vigência da legislação revogada, além de pouco clara, mostra-se hoje inconsistente. Os diversos órgãos das sociedades estão definidos na lei; os titulares do órgão administrativo (e de representação) respondem nos termos legais para eles estabelecidos, os membros de outros órgãos (sem ou também com algumas funções de administração) respondem nos termos delimitados por outros preceitos legais (v., designadamente, os arts. 81.º-83.º do CSC); salvo autorização da lei, não é lícito atribuir (estatutariamente ou por outra via) a órgãos inominados no CSC competências legalmente pertencentes ao órgão de administração[76].

Será o art. 80.º útil, afinal, com relação aos administradores de facto? Talvez seja, mas pouco. Repare-se: não se pode dizer que os administradores (de facto) aparentes mas sem qualquer título (*supra, a*) iii)) ou os administradores na sombra (*c*) são "pessoas *a quem sejam confiadas* funções de administração"... Em suma, além de desnecessário para fazer responder os administradores de facto nos termos em que respondem os de direito, o art. 80.º não é para o efeito suficiente no que respeita a alguns administradores de facto.

Mais útil para apoiar a tese aqui sustentada será uma outra norma: a do art. 82.º, 2, do recente CIRE. Aí se diz que, enquanto dura o processo de insolvência, o administrador da insolvência tem legitimidade exclusiva para propor e fazer seguir "as acções de responsabilidade que legalmente couberem, em favor do próprio devedor, contra os fundadores, *administradores de direito e de facto* (...)" – al. a) (v. também a al. b))[77]. As acções de res-

---

acrescentemos, no que a terceiros diz respeito, pelas regras gerais da responsabilidade aquiliana). Tudo isto parece razoável. Discorda, porém, PUPO CORREIA, *ob. cit.*, p. 676.

[76] Cfr. COUTINHO DE ABREU, *Curso*..., pp. 74-75.

[77] Mais inequivocamente, deveria ter sido escrito "administradores de direito *ou* de facto", com foi feito, aliás, nos arts. 49.º, 2, c), e 186.º, 1, 2 e 3.

ponsabilidade a favor de sociedade podem ser propostas, indiferentemente, contra administradores de direito e administradores de facto.[78]

5. Necessidade da norma do art. 379.º, 2, do CT?

Esclarecido o sentido das várias remissões operadas pelo art. 379.º, 2, é caso para perguntar se resulta dele um regime inovador, ou se a disciplina da responsabilidade civil dos administradores das sociedades comerciais e civis de tipo comercial para com os trabalhadores-credores e os trabalhadores-terceiros não resultava já, directamente, do CSC.

---

[78] Interessante é também o art. 24.º, 1, da LGT, segundo o qual "os administradores, directores e gerentes e outras pessoas que exerçam, *ainda que somente de facto*, funções de administração ou gestão em pessoas colectivas e entes fiscalmente equiparados são subsidiariamente responsáveis em relação a estas e solidariamente entre si" por certas dívidas tributárias. A propósito deste preceito, tentando delimitar o respectivo âmbito de aplicação (que tanto poderia abranger procuradores da gerência com amplos poderes e directores-gerais, como chefes de secção de empresa), P. SOUSA E SILVA, *A responsabilidade tributária dos administradores e gerentes na Lei Geral Tributária e no novo CPPT*, cit., p. 1452, n. (9) (seguido, no essencial, por T. MEIRELES DA CUNHA, *ob. cit.*, p. 135, n. (403)), advoga que os administradores de facto para aqui relevantes são os que desempenhem, "cumulativamente, atribuições de gestão e de representação externa da empresa". Ficariam, assim, de fora os diversos administradores "ocultos" (sem papéis de representação próprios dos administradores de direito). Não há razões para esta exclusão. Os administradores de facto dos diversos tipos – caracterizados nos termos vistos atrás – podem ser culpados por o património do sujeito passivo originário se ter tornado insuficiente para a satisfação de dívidas tributárias ou pela falta de pagamento dos tributos devidos (v. als. a) e b) do n.º 1 do art. 24.º). Por outro lado, como referimos também, os procuradores, directores gerais, chefes de secção, etc., não são – enquanto tais – administradores, nem de direito, nem de facto (não são titulares da "alta direcção", e não a exercem; depois, quando têm poderes de representação, têm-nos não a título de administradores mas sim de procuradores, trabalhadores assalariados, etc.).

O art. 379.º, 2, remete para os "pressupostos" dos arts. 78.º e 79.º do CSC e para os "moldes" aí estabelecidos, sem qualquer alteração. Por outro lado, a responsabilidade solidária do empregador-sociedade resultava já do art. 6.º, 5, do CSC.

Conclui-se, assim, que a norma do n.º 2 do art. 379.º do CT não é necessária. Melhor seria que o legislador tivesse aproveitado o ensejo para mandar aplicar o pormenorizado regime do CSC a entidades colectivas diferentes das sociedades objecto deste Código...

II
Sobre o art. 379.º, 1, do CT

Diz o n.º 1 do art. 379.º: "O sócio que, só por si ou juntamente com outros a quem esteja ligado por acordos parassociais, se encontre numa das situações previstas no artigo 83.º do Código das Sociedades Comerciais responde nos termos do artigo anterior, desde que se verifiquem os pressupostos dos artigos 78.º, 79.º e 83.º daquele diploma e nos moldes aí estabelecidos".

No essencial, são dois os grupos de "situações" previstos no (longo) art. 83.º do CSC que aqui relevam.

No primeiro, um sócio (de sociedade comercial ou civil de tipo comercial), sozinho ou juntamente com outros sócios a quem esteja ligado por acordo ou acordos parassociais[79], dispõe de votos suficientes para fazer *eleger* "gerente" (de sociedade por quotas, principalmente) ou "administrador" (de sociedade anónima), e a deliberação electiva é aprovada com esses votos, sendo de sentido contrário metade, mais de metade ou todos os restantes votos (n.º 3 do art. 83.º). Outra situação integrável neste grupo é o sócio, só ou com outros a quem esteja ligado por acordos parassociais, *designar* "gerente" (de sociedade por quotas), por tal direito (especial) lhe ter sido atribuído no estatuto social (cfr. os arts. 252.º, 2, *in fine*, e 24.º, 1, 5, do CSC) – é o que prevê o n.º 1 do art. 83.º.

---

[79] Para os acordos parassociais, v. o art. 17.º do CSC. A ligação de sócios por acordos desses está prevista nos n.ºs 1, 3 e 4 do art. 83.º. É, pois, escusada a menção a tais ligações feita no início do n.º 1 do art. 379.º do CT (que remete para o art. 83.º do CSC)...

O *segundo grupo* de situações está delimitado no n.º 4 do art. 83.º: um sócio, só ou juntamente com outros sócios parassocialmente vinculados, dispõe de votos suficientes para fazer *destituir* gerente, administrador ou director[80].

Ora, segundo o citado art. 83.º, o sócio controlador ou dominante (o sócio com possibilidade de exercer influência determinante na vida societária) responde civilmente em certos "moldes" quando verificados determinados "pressupostos" (para utilizar a linguagem pouco "moldada" do art. 379.º do CT).

Assim, nos casos do primeiro grupo (n.ºs 1 e 3 do art. 83.º do CSC), o sócio controlador responde *solidariamente* com o administrador designado (em eleição ou não), quando este seja responsável para com a sociedade (art. 72.º) ou outros sócios (art. 79.º) e tenha havido *culpa* (do sócio controlador) *na escolha do administrador*[81]. O sócio dominante tem culpa *in eligendo* quando sabia ou devia saber que o administrador escolhido não possuía os requisitos necessários (de ordem técnica, experiencial, moral) para ser um "gestor criterioso e ordenado"[82].

---

[80] Este n.º 4 refere ainda a possibilidade de sócio, por força de cláusula estatutária, destituir administrador (em sentido amplo). Todavia, olhando as normas do CSC relativas à destituição, a hipótese parece pouco verosímil.

[81] O n.º 2 do art. 83.º diz que o disposto no n.º 1 "é aplicável também às pessoas colectivas eleitas para cargos sociais, relativamente às pessoas por elas designadas ou que as representem". Por conseguinte, se uma pessoa colectiva for eleita "ou designada por outra via" para a administração de sociedade (v., p. ex., o art. 390.º, 4, do CSC), ela responderá solidariamente com a pessoa singular por si designada para exercer o cargo em nome próprio, desde que esta seja responsável para com a sociedade ou os sócios e se verifique culpa na escolha da pessoa designada. Mas a norma pouco interessa no contexto que nos ocupa (responsabilidade de sócio controlador). Pois a pessoa colectiva pode não ser sócio e pode não ser eleita por sócio controlador.

[82] No art. 117, § 1.º, d, da lei brasileira sobre sociedades por acções (de 1976) prevê-se como modalidade do "exercício abusivo de poder" pelo "acionista controlador" a eleição de administrador que ele "sabe inapto, moral ou tecnicamente".

Convém notar que nestes casos a responsabilidade do sócio controlador existe independentemente da influência que possa ter exercido sobre o administrador escolhido (responsável nos termos referidos).

Nos casos do segundo grupo (n.º 4 do art. 83.º), o sócio controlador responde também *solidariamente* com o administrador que ele pode fazer destituir, quando este incorra em responsabilidade para com a sociedade ou sócios por comportamento *determinado pela influência exercida* pelo sócio dominante[83]. A influência pode ser exercida por meio de directivas, instruções concretas ou meros conselhos e recomendações. Relevam também as deliberações tomadas com os votos do sócio dominante (-influenciador), que autorizam ou impõem aos administradores comportamentos prejudiciais para a sociedade ou outros sócios? Em certas circunstâncias, sim[84].

Mas esta resposta parece ser contrariada, no que respeita à responsabilidade *para com a sociedade*, por outros dados legais.

---

[83] Este regime terá sido inspirado pelo § 117 da *AktG* (mais amplo, porém) e pelo art. 117, §§ 1.º, e), 2.º, da citada lei brasileira.

[84] Contra, T. ANSELMO VAZ, *A responsabilidade do accionista controlador*, cit., p. 376: o exercício do direito de voto maioritário "não se traduz no exercício de uma influência sobre o administrador, mas sobre a própria sociedade, já que é por via das deliberações que se conforma a vontade social" (mas vontade social é também a manifestada pela administração, influenciada ou não por deliberações dos sócios...). No Brasil, parecendo admitir latamente a relevância da influência exercida por meio de deliberação, v. MODESTO CARVALHOSA, *Comentários à Lei de Sociedades Anónimas*, 2.º vol., 3.ª ed., Saraiva, São Paulo, p. 509. Quem expressamente exclui a responsabilidade do sócio dominante quando influencia "através do exercício do direito de voto em assembleia geral" é (ao invés do escrito por Anselmo Vaz, *loc. cit.*) o § 117 (7), 1, da *AktG*. Mas este preceito estará em vias de ser revogado – v. "Entwurf eines Gesetzes zur Unternehmensintegrität und Modernisierung des Anfechtungsrechts (UMAG)", art. 1, n.º 2.

Dados esses, aliás, que aproveitariam ao sócio controlador considerado quer no n.º 4 quer no n.º 3 do art. 83.º. Com efeito, a responsabilidade dos administradores "para com a sociedade não tem lugar quando o acto ou omissão assente em deliberação dos sócios, ainda que anulável" (art. 72.º, 4, do CSC). Ora, se o sócio controlador responde solidariamente com o administrador tão-só quando este seja responsável (art. 83.º, 1, 3, 4), não respondendo este quando actua em execução de deliberação válida ou anulável (art. 72.º, 4) tomada com os votos (maioritários) do sócio dominante (cfr. n.ºˢ 3 e 4 do art. 83.º), então também o sócio não responderá. E isto seria assim mesmo nos caos em que é o sócio controlador quem influencia o administrador a solicitar a intervenção deliberativa dos sócios autorizando ou impondo determinada actuação administrativa prejudicial para a sociedade[85]. No entanto, afora a crítica que pode ser feita ao facto de a lei fazer depender da responsabilidade do administrador a responsabilidade do sócio controlador, há que atender a três pontos. Um: em algumas circunstâncias, deve o administrador abster-se de executar deliberações anuláveis, sob pena de ter de responder para com a sociedade por não ter actuado como "um gestor criterioso e ordenado"[86]. Outro: nalguns casos, apesar de executar uma deliberação dos sócios, o administrador não se livra da possibilidade de ser responsabilizado perante a sociedade pelos credores desta, em via sub-rogatória (art. 78.º, 2 e 3, do CSC). Por último: se o sócio dominante determina o administrador a submeter um assunto a deliberação dos sócios em que assentará comportamento administrativo prejudicial para a sociedade, ficaria defraudada a lei se não fosse aplicável o n.º 4

---

[85] Assim, v. ANSELMO VAZ, *ob. cit.*, pp. 373-374, 376 [ressalvando, porém, os casos de deliberações abusivas (art. 58.º, 1, b)), em que o sócio responde nos termos, não do art. 83.º, 3 ou 4, mas do art. 58.º, 3], e ENGRÁCIA ANTUNES, *Os grupos de sociedades* cit., p. 588, em nota.

[86] V. desenvolvidamente LOBO XAVIER, *ob. cit.*, pp. 335, ss., 366, ss..

do art. 83.º; em casos destes, além de o administrador ser normalmente responsável para com a sociedade (não devia ter submetido o assunto a deliberação e / ou não devia tê-la executado), certo é que a influência prejudicial do sócio controlador começa a ser exercida antes da deliberação e continua na tomada desta[87].

A responsabilidade dos sócios prevista no art. 83.º é *obrigacional ou delitual*? Perguntando de outra maneira, resulta da violação de obrigações ou de deveres jurídicos gerais (deveres de respeito das situações jurídicas impostos à generalidade das pessoas)? Tendemos a considerá-la obrigacional. Principalmente porque o sócio que escolhe culposamente administrador (n.os 1 e 3 do art. 83.º) ou o influencia (n.º 4), com prejuízo para a sociedade ou outros sócios, viola o dever de lealdade imposto aos sócios – o dever que manda que cada sócio não actue de modo incompatível com o interesse social ou com interesses de outros sócios relacionados com a sociedade[88]. O art. 83.º (nos n.os citados) é uma das manifestações do dever de lealdade dos sócios[89]. Assim, a culpa *in eligendo* (n.os 1 e 3 do art. 83.º) é

---

[87] Mais facilmente, solução semelhante é sustentada na Alemanha – cfr. H.-J. MERTENS, in *Kölner Kommentar zum Aktiengesetz*, B. 2, 2. Lief., 2. Aufl., Heymanns, Köln, Berlin, Bonn, München, 1996, p. 666.

[88] Sobre este dever, v. COUTINHO DE ABREU, *ob. cit.*, pp. 286, 303, ss..

[89] Também ANSELMO VAZ, *ob. cit.*, pp. 393, ss., entende que a responsabilidade do accionista controlador é de natureza obrigacional – mas com justificação não idêntica. Considerando o n.º 4 do art. 83.º, ENGRÁCIA ANTUNES, *ob. cit.*, p. 591, n. (1152), fala no entanto de responsabilidade delitual ou aquiliana. Na Alemanha, é tradicional a opinião da natureza delitual da responsabilidade consagrada no § 117 da *AktG* (a que corresponde o art. 83.º, 4, do CSC) – MERTENS, *ob. cit.*, pp. 659, 660. Mas há quem reconheça que, quando a influência danosa provém de accionista (o § 117 atende também à influência de outros sujeitos), a responsabilidade pode ser vista como consequência da violação do dever de lealdade – v., p. ex., HÜFFER, *ob. cit.*, p. 489.

presumida, cabendo ao sócio que escolheu ou fez eleger administrador o ónus de provar que não sabia nem devia saber não possuir o administrador as qualidades de um gestor criterioso e ordenado (cfr. o art. 799.º, 1, do CCiv.); por sua vez, com relação ao n.º 4 do art. 83.º, a sociedade ou sócios devem provar a influência exercida pelo sócio dominante, mas não têm de provar a culpa deste.

O regime do art. 83.º do CSC não interessa directamente aos trabalhadores. Pois a responsabilidade solidária de sócio e administrador aí prevista é "para com a sociedade ou os sócios".

Mas o art. 379.º, 1, do CT não se limita a remeter para aquele artigo. Remete para os arts. 78.º e 79.º do CSC (analisados já na I parte deste estudo). Significa isto que o sócio controlador responde solidariamente com o administrador escolhido com culpa (art. 83.º, 1, 3) ou indevidamente influenciado (art. 83.º, 4) *perante os trabalhadores-credores e os trabalhadores-terceiros da sociedade*, sempre que o administrador seja responsável perante esses trabalhadores nos termos dos arts. 78.º e 79.º, respectivamente. Por aqui se vê a necessidade da norma do n.º 1 do art. 379.º do CT[90]; contando apenas com o art. 83.º do CSC, não seria possível os trabalhadores responsabilizarem directamente os sócios controladores.

Diz ainda o n.º 1 do art. 379.º do CT que o sócio (controlador) "responde nos termos do artigo anterior" (378.º). Mais uma vez[91], esta remissão parece significar que o sócio controlador (além de responder solidariamente com o administrador) responde solidariamente com a sociedade empregadora pela

---

[90] Vimos a desnecessidade do n.º 2 do art. 379.º *supra*, I. 5.
[91] V. *supra*, I, 2.

obrigação de indemnizar os trabalhadores credores ou terceiros. Porém, também agora se há-de concluir que a sociedade, se pagar toda ou parte da indemnização aos trabalhadores, terá direito de regresso contra o sócio dominante (e o administrador) por toda a importância que haja pago[92-93].

---

[92] V. local citado na nota anterior.

[93] Uma nota final para alguns "restos". O sócio influenciador da administração previsto no n.º 4 do art. 83.º do CSC pode ser qualificado como administrador de facto, mais especificamente administrador na sombra. Sujeito já, portanto, a responsabilidade nos termos vistos *supra*, I, 4. Mas com aquela norma e a do art. 379.º, 1, do CT ganha-se alguma certeza (inclusive, não tem de averiguar-se se a influência é ou não habitualmente exercida). Também a sociedade dominante de outra ("sociedades em relação de domínio" – art. 486.º, 1, 2, do CSC) é normalmente sócio controlador e, quando exerce efectivamente influência sobre a dominada, administrador na sombra. É possível aplicar-se-lhe, por isso, o art. 379.º, 1, do CT. Mas apenas na medida em que não estejam em causa os créditos dos trabalhadores mencionados no art. 378.º do CT. De contrário, rege este preceito, de aplicação bem mais fácil (p. ex., não é necessário provar o uso de influência da dominante sobre a sociedade empregadora dependente). A propósito ainda do art. 378.º: além de que seria dispensável a referência à responsabilidade da sociedade "em relação de grupo" com o empregador (sociedade totalmente dominante ou sociedade directora – arts. 488.º, ss., 493.º, ss. do CSC), dado o regime estabelecido no art. 501.º do CSC (v. tb. o art. 491.º), a exigência de vencimento dos créditos "há mais de três meses" desfavorece os trabalhadores em relação a outros credores, sujeitos ao prazo mais curto previsto no art. 501.º, 2, do CSC; por outra banda, parece exagerado fazer responder solidariamente com o empregador (embora tratando-se de solidariedade "garantística") uma sociedade que com ele esteja "em relação de participações recíprocas" simples (p. ex., tendo a sociedade empregadora uma participação correspondente a 10 % do capital de outra e participando esta naquela em igual medida – cfr. o art. 485.º, 1, do CSC –, não haverá normalmente possibilidades de a segunda sociedade influenciar a primeira...).

PRIVATIZAÇÃO DE EMPRESAS PÚBLICAS E EMPRESARIALIZAÇÃO PÚBLICA

JORGE MANUEL COUTINHO DE ABREU
Professor da Faculdade de Direito
de Coimbra

1. Nacionalizações e EP

Depois da Revolução de Abril, entre 1974 e 1976 foram muitas as empresas nacionalizadas. A técnica jurídico-nacionalizadora foi diversificada (e muitas vezes deficiente). Todavia, objecto directo dos actos legislativos (decretos-lei) nacionalizadores foram em geral participações sociais (acções, quotas). E na maioria dos casos ficou o Estado sócio único de sociedades regidas pela lei comum e pelos respectivos estatutos, embora com alterações (introduzidas pelos actos nacionalizadores) [1].

Entretanto, em 1976 foi publicado o estatuto geral das empresas públicas (DL 260 / 76, de 8 de Abril), ao qual deviam ser adaptadas as empresas nacionalizadas (bem como empresas – poucas – que já antes da Revolução pertenciam ao Estado). De acordo com aquele estatuto, *empresa pública* (EP) era definível como pessoa jurídica constituída pelo Estado com capitais públicos (atribuídos por ele e / ou por outras entidades públicas) – de modo a formar-se (quando não já formada *ab initio*) organização de meios produtivos –, titular de denominação parcialmente taxativo-exclusiva, sujeita à superintendência e tutela do Estado, que se dedica a produzir bens destinados a uma troca propiciadora de receitas suficientes para, pelo menos, cobrir os custos de produção, e a prosseguir (indirecta ou directamente) finalidades públicas [2].

---

[1] Para um quadro panorâmico das nacionalizações, v. J. M. COUTINHO DE ABREU, *Definição de empresa pública,* Coimbra, 1990, p. 155-165.

[2] V. COUTINHO DE ABREU, *ob. cit.*, p. 95, ss., 207, ss., e *Da empresarialidade (As empresas no direito),* Almedina, Coimbra, 1996 (reimpr. 1999), p. 117, ss..

As sociedades nacionalizadas passaram, pois, a ter o estatuto de EP, foram transformadas em sujeitos de tipo institucional, com substrato patrimonial-empresarial, deixando de ser sujeitos de tipo societário.

2. Privatizações de EPs

O art. 83.º, 1, da Constituição da República Portuguesa (CRP, de 1976) prescrevia que "todas as nacionalizações efectuadas depois de 25 de Abril de 1974 são conquistas irreversíveis das classes trabalhadoras".

Contudo, rapidamente (sobretudo nos anos 80 do século passado, com auxílio de ventos anglo-americanos) foi posta em marcha uma intensa e eficaz campanha anti-EPs [3]. Com con-sequências legislativas também. A L 84 / 88, de 20 de Julho, veio permitir a transformação das EP em sociedades anónimas de capitais total ou maioritariamente públicos; a LC 1 / 89, de 8 de Julho (segunda revisão constitucional) eliminou o princípio da irreversibilidade das nacionalizações; a L 11 / 90, de 5 de Abril (que revogou a L 84 / 88) regulou a (re)privatização das empresas.

Assim, à febre das nacionalizações de 70 sucedeu a febre das privatizações de 80 e, sobretudo, 90.

Privatizações "formais", primeiro. Quase todas as EP foram transformadas em sociedades anónimas (inicialmente de capitais públicos) [4]. Até à extinção da figura "EP" (em 1999 – v. *infra*), mantiveram esse estatuto somente a CP (caminhos de ferro) e a

---

[3] Sobre os argumentos então avançados (e respectivos contra-argumentos), v. *Definição...*, p. 11-16.

[4] A privatização formal implica passagem para formas de organização jurídico-privadas. As EP eram qualificáveis como pessoas jurídicas públicas (v. *Definição...*, p. 183, ss.). A sua transformação em sociedades (pessoas jurídicas de direito privado) acarreta, pois, uma privatização formal. Mas, note-se, tão-só *parcial*. Porquanto, afora principalmente o campo das relações "verticais" com o Governo, as EP actuavam já sob a égide do direito privado (civil, comercial, laboral).

ML (metropolitano de Lisboa), a que se juntavam outras duas empresas, mas constituídas já em finais dos anos 90 – a REFER (rede ferroviária) e a NAV (navegação aérea). Aquelas transformações foram muitas vezes justificadas (inclusive no preâmbulo de vários DL transformadores), em um discurso curiosamente inflexível, com a palavra "flexibilidade". É certo que a estruturação legal-comum da sociedade anónima proporciona maior autonomia decisória ao órgão de administração do que a proporcionada pela estrutura da EP. Mas, além de a maior ou menor autonomia do órgão de gestão das EP relevar em grande medida da *praxis* política, a verdade é que foram muitos os estatutos das novas sociedades anónimas (aprovados pelos DL transformadores) que, afastando-se da legislação societária comum (e até de certas alterações ao DL 260 / 76), infirmaram a retórica da flexibilidade e autonomia: estabeleceram que competia à assembleia geral (ao Estado-sócio único, pelo menos transitoriamente) autorizar a aquisição e alienação de imóveis, a aquisição e alienação de participações sociais e / ou a realização de investimentos quando os valores em causa fossem superiores a determinado montante, bem como "tratar de qualquer outro assunto para que tenha sido convocada"; alguns estatutos estabeleceram mesmo que "na gestão das actividades da sociedade, o conselho de administração deve subordinar-se às deliberações da assembleia geral"[5].

Contudo, o objectivo fundamental da transformação das EP em sociedades anónimas foi na grande maioria dos casos, de modo explícito ou não, a *privatização "material"* (total ou parcial) das empresas. O que veio a ser conseguido, no essencial, através da alienação para privados das acções das respectivas sociedades. Ainda assim, restaram (por quanto tempo se manterão?) algumas sociedades de capitais inteiramente públicos – *v. g.*, CGD (banco), CTT (correios), INCM (imprensa nacional), ANA (aeroportos), RTP (televisão), RDP (radiodifusão).

---

[5] Sobre isto, com mais indicações, v. *Da empresarialidade...*, p. 131-132.

3. LEMI e RSEE

Antes de prosseguir, convém registar dois marcos legislativos de finais dos anos 90: a L 58 / 98, de 18 de Agosto ("Lei das Empresas Municipais, Intermunicipais e Regionais" – LEMI) e o DL 558 / 99, de 17 de Dezembro ("regime do sector empresarial do Estado, incluindo as bases gerais do estatuto das empresas públicas do Estado" – RSEE), que revogou o DL 260 / 76.

Segundo a LEMI, manifestamente influenciada pelo DL 260 / 76, as *empresas municipais* (curemos aqui apenas delas) podem ser: "empresas públicas" (EP) – aquelas em que os municípios "detenham a totalidade do capital"; "empresas de capitais públicos" (ECP) – aquelas em que os municípios "detenham participação de capital [maioritária] em associação com outras entidades públicas" (Estado, outras entidades públicas estaduais, regiões autónomas); "empresas de capitais maioritariamente públicos" (ECMP) – aquelas em que os municípios "detenham a maioria do capital em associação com entidades privadas".

A EP municipal tem (como tinha a EP estadual) natureza institucional, não societária; é pessoa jurídica com substrato patrimonial-empresarial, não pessoal e / ou associativo. A ECP e a ECMP têm natureza corporativa ou associativa, são pessoas jurídicas com substrato (também) pessoal; devem ser consideradas sociedades – mas de novo tipo [6].

Embora se integrem no sector público (subsector público não estadual – CRP, art. 82.º, 2; sectores empresariais municipais – RSEE, art. 5.º), as empresas municipais (EP, ECP e ECMP) são dominantemente regidas pelo direito privado e pelo

---

[6] V. J. M. COUTINHO DE ABREU, *Sobre as novas empresas públicas (Notas a propósito do DL 558 / 99 e da L 58 / 98)*, Coimbra, 2002 (separata do BFD – Volume Comemorativo –, 2002), p. 12-16. Diferentemente, v. J. PACHECO DE AMORIM, *As empresas públicas no direito português – Em especial, as empresas municipais*, Almedina, Coimbra, 2000, p. 52, ss..

direito igualmente aplicável às empresas dos sectores privado e cooperativo e social [7].

Por sua vez, segundo o RSEE, o conceito de *empresa pública estadual* – confessadamente inspirado no direito comunitário-europeu – compreende agora duas espécies: certas sociedades, por um lado, e as "entidades públicas empresariais" (EPE), por outro.

As *EPE* são as sucessoras e continuadoras (com fisionomia semelhante) das velhas EP reguladas pelo revogado DL 260 / 76 [8]. Parece que a prática lhes reservará um espaço relativamente secundário no sector empresarial do Estado [9].

As *sociedades qualificáveis como empresas públicas* são aquelas "nas quais o Estado ou outras entidades públicas estaduais possam exercer, isolada ou conjuntamente, de forma directa ou indirecta, uma influência dominante (...)" – art. 3.º, 1, do RSEE. São, fundamentalmente, sociedades (anónimas) de capitais total ou maioritariamente público-estaduais. Sendo estas empresas públicas sociedades e, portanto, pessoas colectivas privadas, natural é que a sua organização e funcionamento sejam regidos basicamente pelo direito privado (RSEE, arts. 7.º, 1, 16.º). Porém, porque são públicas tais empresas, dominadas por entidades públicas e visando (só ou também) finalidades públicas (cfr. art. 4.º), naturais são também algumas especialidades e excepções. Por exemplo: o Conselho de Ministros definirá "orientações estratégicas" que hão-de reflectir-se nas orientações anuais definidas em assembleia geral das sociedades e nos contratos de gestão com os respectivos administradores (art. 11.º); as sociedades ficam sujeitas a "deveres especiais de informação" para melhor acompanha-

---

[7] Cfr. *Sobre as novas empresas públicas...*, p. 16-17.

[8] V. *últ. ob. cit.*, p. 4, ss..

[9] Registe-se, no entanto, que às quatro EP (agora EPE) acima referidas (n.º 2) se juntam duas novas EPE: a EGREP (gestão de reservas estratégicas de produtos petrolíferos) e a API (Agência Portuguesa para o Investimento), constituídas pelos DL 339-D / 2001, de 28 de Dezembro, e 225 / 2002, de 30 de Outubro, respectivamente.

mento e controlo governamental (art. 13.º), bem como a "controlo financeiro" do Tribunal de Contas e da Inspecção-Geral de Finanças (art. 12.º); os administradores designados ou propostos pelo Estado terão estatuto próprio (art. 15.º); ao invés das sociedades de direito comum, as sociedades de capitais públicos-empresas públicas não têm de ter escopo lucrativo [10]. Estes aspectos, e outros que aqui se omitem, talvez permitam que se fale apropriadamente de um "direito das sociedades administrativo" [11].

4. Empresarialização pública – empresas públicas estaduais societárias

Antes e depois do RSEE, o Estado constituiu numerosas sociedades anónimas de capitais inteiramente públicos. Olhemos alguns grupos de exemplos (S. A. constituídas por DL):

a) Centro Cultural de Belém, Sociedade de Gestão e Investimento Imobiliário – S. G. I. I., S. A. (DL 65 / 89, de 1 de Março), Lisboa 94 – Sociedade Promotora de Lisboa Capital Europeia da Cultura, S. A. (DL 145 / 92, de 21 de Julho), Porto 2001, S. A. (DL 418-B / 98, de 31 de Dezembro), RAVE – Rede Ferroviária de Alta Velocidade, S. A. (DL 323-H / 2000, de 19 de Dezembro) [12];

---

[10] Para desenvolvimentos, v. a minha *últ. ob. cit.*, p. 3, 8-10.

[11] Cfr. REIMER SCHMIDT, *Der Übergang öffentlicher Aufgabenerfüllung in private Rechtsformen*, ZGR, 1996, p. 351, citando Kraft.

[12] Fica bem neste grupo outra sociedade, apesar de o capital não ser totalmente público (o Estado tem 95% das acções, pertencendo as restantes à Federação Portuguesa de Futebol): Portugal 2004 – Sociedade de Acompanhamento e Fiscalização do Programa de Construção dos Estádios e Outras Infra-Estruturas para a Fase Final do Campeonato Eutropeu de Futebol de 2004, S. A. (uf! Grande firma! DL 268 / 2001, de 4 de Outubro). Confronte-se esta sociedade com a Euro 2004 – Sociedade Promotora da Realização em Portugal da Fase Final do Campeonato Europeu de Futebol de 2004, S. A. (DL 33 / 2000, de 14 de Março, alterado pelo DL 267 / 2001, de 4 de Outubro) – nesta, 54,8% das acções são da UEFA, 40,2% da FPF e apenas 5% do Estado...

b) Parque Expo 98, S. A. (DL 88 / 93, de 23 de Março), Empresa de Desenvolvimento e Infra-Estruturas de Alqueva, S. A. (DL 32 / 95, de 11 de Fevereiro, alterado pelo DL 335 / 2001, de 24 de Dezembro);

c) cinco sociedades de administração de portos resultantes da transformações de institutos públicos (DL 335 / 98 a 338 / 98, de 3 de Novembro);

d) mais de trinta sociedades concessionárias da exploração e gestão de sistema multimunicipais de captação, tratamento e distribuição de água para consumo público e / ou de recolha, tratamento e rejeição de efluentes e / ou de recolha e tratamento de resíduos sólidos [13];

e) cerca de uma quinzena de sociedades criadas no âmbito do "Programa de Requalificação Urbana e Valorização Ambiental das Cidades, Programa POLIS" [14];

f) trinta e uma sociedades constituídas em Dezembro de 2002, por transformação de institutos públicos hospitalares [15].

Esta notável empresarialização pública (aqui ilustrada incompletamente), após os fortes movimentos privatizadores, pode parecer paradoxal. Foram esquecidos os *slogans* anti-EPs antes brandidos por quem hoje público-empresarializa?

Contudo, vendo bem, facilmente se percebem alguns sinais da nova empresarialização pública:

1) muitas das sociedades constituídas são *"gastadoras"* (sem verdadeiro escopo lucrativo, alimentadas, só ou sobretudo, pelo orçamento estadual – não significando

---

[13] V. indicações em J. M. COUTINHO DE ABREU, *Curso de direito comercial,* vol. I, 4.ª ed., Almedina, Coimbra, 2003, p. 257-258.

[14] V. indicações na *últ. ob. cit.,* p. 257.

[15] V. indicações e análise crítica em J. M. COUTINHO DE ABREU, *Sociedade anónima, a sedutora (Hospitais, S. A., Portugal, S. A.),* in IDET, Miscelâneas n.º 1, Almedina, Coimbra, 2003, p. 11, ss..

isto, porém, que algumas delas não possam proporcionar economias ou redução de despesas): sociedades dos grupos *a)*, *e)* e *f)* referidos *supra*;
2) algumas destas sociedades foram constituídas para actuarem por *pouco tempo*: grupos *a)* e *e)*;
3) várias empresas públicas resultaram da t*ransformação de institutos públicos* (uns exploravam já empresas, outros não): grupos *c)* e *f);*
4) exceptuadas as empresas do grupo *d)* e (porventura) do grupo *c),* não poderá dizer-se que o Estado tenha visado com as novas sociedades públicas o *controlo de "sectores básicos"* da economia ou a fixação em Portugal de "centros de decisão" empresarial importantes [16];
5) *nenhuma* das novas empresas públicas teve origem em *nacionalizações.*

5. Empresarialização pública – empresas municipais

Depois da LEMI, o campo das autarquias locais revelou-se extraordinariamente fértil para as empresas municipais (EPs, sobretudo). Só nos três primeiros anos posteriores àquela lei foram criadas cerca de setenta empresas municipais [17].

---

[16] As actividades exercidas pelas empresas do grupo *d)* têm estado vedadas a empresas privadas (v. a L 46 / 77, de 8 de Julho, várias vezes alterada, e a L 88-A / 97, de 25 de Julho, que revogou aquela) – mas vem-se falando insistentemente em planos de privatização daquelas empresas. Por outro lado, com a L 88-A / 97 (art. 1.º, 1, *d)*), a exploração de portos marítimos passou a poder ser concessionada a empresas privadas... Uma curiosidade: vai-se ouvindo hoje de quem ontem promoveu amplas privatizações que é necessário evitar a fuga dos "centros de decisão" para Espanha, etc. (o capital tem pátria?) – acrescentando-se que, num país de empresários fracos, só o Estado-accionista poderá evitar tal fuga...

[17] Cfr. os dados fornecidos pela Direcção-Geral das Autarquias Locais em www.dgaa.pt.

Dando uma olhadela às cláusulas estatutárias sobre o objecto, impressiona o facto de muitas destas empresas se dedicarem a actividades como "manutenção de parques e jardins", "promoção turística" do município, "gestão de instalações desportivas", "gestão e manutenção de infra-estruturas", "gestão do património da Câmara Municipal", "gestão, promoção e realização de acções sócio-culturais, desportivas e de lazer"... Isto é, actividades tradicional e razoavelmente confiáveis a simples *serviços municipais*. Não é difícil imaginar, pois, duplicações de atribuições e competências; e o grosso dos custos de algumas destas novas empresas será imputável às remunerações dos titulares dos órgãos respectivos...

6. "Contratação pública"

É sabido que à empresarialização pública não corresponde uma publicização do direito aplicável. Basicamente, a actividade das empresas públicas é regida pelo *direito que vale para as empresas privadas* (e para as empresas do sector cooperativo e social). Isto é assim tanto para as empresas públicas anteriormente privadas como para as empresas públicas criadas *ex novo* ou por transformação de organizações já públicas. Sobretudo nestes últimos casos, é às vezes bem visível a fuga (ou tentativa de fuga) às (mais burocráticas) regras público-contabilísticas e orçamentais, às regras da função pública e da actividade administrativa em geral.

Contudo, significa o princípio segundo o qual é jurídico-privada a disciplina do público-empresarial que a empresa pública goza de *liberdade idêntica* à da empresa privada? Por exemplo, na contratação de pessoal e de fornecedores, a empresa privada goza de grande liberdade de actuação – *v. g.*, não tem de consultar todos ou alguns dos possíveis interessados em contratar. Valerá o mesmo para a empresa pública?[18].

---

[18] Para um quadro problemático geral, v., entre outros, VITAL MOREIRA, *Administração autónoma e associações públicas,* Coimbra Editora, Coimbra,

O mais razoável será entender que as empresas públicas, enquanto entidades do sector público (CRP, art. 82.º, 2), enquanto instrumentos do Estado e / ou de outros entes públicos (que visam "a prossecução do interesse público, no respeito pelos direitos e interesses legalmente protegidos dos cidadãos" – art. 266.º, 1, da CRP), devem *obedecer aos princípios fundamentais da actuação administrativa* – transparência, igualdade, imparcialidade, etc. (cfr. art. 266.º, 2, da CRP). Estando em jogo a gestão de recursos públicos e o interesse de todos, a autonomia própria do "privado" há-de ser limitada por imperativos do "público"[19].

Portanto, os *princípios fundamentais* da actividade administrativa que valem para os sujeitos do sector público administrativo devem valer igualmente para os sujeitos do sector público empresarial. Não tem de ser assim, porém, no respeitante às *normas ou regras* concretizadoras ou instrumentais desses princípios no domínio da contratação pública (regras sobre procedimentos prévios como o concurso público, o concurso limitado, etc.). Por norma, estas regras (muitas vezes complexas e de execução demorada) não se aplicam às empresas públicas[20]. Mas nem sempre assim é. E não é assim,

---

1997, p. 280, ss., 285, ss., e PAULO OTERO, *Vinculação e liberdade de conformação jurídica do sector empresarial do Estado,* in *Livro branco do sector empresarial do Estado,* Ministério das Finanças, 1998, p. 422, ss..

[19] Apetece recordar um velho mas bonito trecho de JEAN LACROIX, *Crise da democracia, crise da civilização,* trad., Moraes Editores, Lisboa, 1968, p. 44-45: "O que, com efeito, torna público é o olhar. (…) O privado é uma protecção contra a vista de outrem. O público, ao contrário, é aquilo que não se defende dos olhares de todos, aquilo que até os capta ou atrai. Atrair o olhar, provocá-lo, é próprio da publicidade. O privado é aquilo que se esconde e o público aquilo que se expõe".

[20] Que hão-de, então, adoptar outras práticas consentâneas com aqueles princípios fundamentais. Sob pena, por exemplo, de os membros do órgão de administração incorrerem em responsabilidade para com a empresa e / ou terceiros (discriminados negativamente) – cfr. CSC, arts. 72.º, ss., 79.º – e poderem ser destituídos com justa causa (cfr. arts. 257.º e 403.º do CSC).

registe-se, principalmente por força do direito comunitário. Exemplifiquemos rapidamente.

A Comunidade Europeia vem produzindo desde os anos 70 do século passado directivas em matéria de "contratos públicos" (*de valor superior a determinados montantes*), a fim de, também nesse domínio, promover a liberdade de estabelecimento e de prestação de serviços, a abertura das entidades públicas dos Estados-membros à concorrência e transparência. Importa assinalar quatro directivas do Conselho em vigor: Directiva 92 / 50 / CEE, de 18 de Junho de 1992 (relativa à coordenação dos procedimentos de adjudicação de contratos públicos de serviços), Directiva 93 / 36 / CEE (relativa à coordenação dos procedimentos de adjudicação dos contratos públicos de fornecimento), Directiva 93 / 37 / CEE (respeitante à coordenação dos procedimentos de adjudicação de empreitadas de obras públicas) e Directiva 93 / 38 / CEE (respeitante à coordenação dos procedimentos de celebração de contratos nos sectores da água, da energia, dos transportes e das telecomunicações), todas três de 14 de Junho de 1993.

O DL 223 / 2001, de 9 de Agosto, que transpõe para o direito interno português a Directiva 93 / 38, estabelece os procedimentos na contratação de empreitadas, fornecimentos e prestação de serviços nos sectores da água, da energia, dos transportes e das telecomunicações. E entre as entidades actuantes em um ou mais desses sectores às quais é aplicável o DL contam-se expressamente as *empresas públicas*: art. 2.º, 1 (menção expressa às empresas públicas é feita também na Directiva: arts. 1.º, 2, 2.º, 1, a)).

O DL 59 / 99, de 2 de Março (que transpõe a Directiva 93 / /37), estabelece o regime dos contratos de empreitada e de concessão de obras públicas. Aplica-se também às *empresas públicas* (art. 3.º, 1, f)). Embora isso não seja exigido, com a mesma extensão, pela Directiva. Esta não menciona expressamente as empresas públicas; porém, algumas delas são compreendidas nos "organismos de direito público" referidos no art. 1.º, *b)* (igualmente referidos no art. 3.º, 1, i), 2, do DL...). Contudo, as empresas públicas podem (mediante decreto-lei) ser *isentadas* da aplicação do DL 59 / 99 quanto a empreitadas (e concessões) de valor inferior ao estabelecido para efeitos de aplicação das respectivas directivas comunitárias (art. 4.º, 3, do DL).

Por sua vez, o DL 197 / 99, de 8 de Junho, que transpõe as Directivas 92 / 50 e 93 / 36 e estabelece o regime da realização de despesas públicas com locação e aquisição de bens e serviços, bem como da contratação pública relativa à locação e aquisição de bens móveis e de serviços, *diverge*. Exclui expressamente do seu âmbito subjectivo de aplicação *as empresas públicas*. Nos termos do art. 2.º, além do Estado, regiões autónomas, autarquias locais, etc., são abrangidos pelo DL os "organismos públicos dotados de personalidade jurídica, com ou sem autonomia financeira, *que não revistam natureza, forma e designação de empresa pública*" (cfr. também o art. 3.º, 1) [21]. Só que *não pode ser tanto assim*.

Diz a al. b) do art. 1.º da Directiva 93 / 36 (a al. b) do art. 1.º da Directiva 92 / 50 diz praticamente a mesma coisa [22]) serem entidades adjudicantes "o Estado, as autarquias locais e regionais, os organismos de direito público (...)". Entendendo-se por organismo de direito público "qualquer organismo: / – criado para satisfazer de um modo específico necessidades de interesse geral, sem carácter industrial ou comercial, / – dotado de personalidade jurídica e / – cuja actividade seja financiada maioritariamente pelo Estado, pelas autarquias locais ou regionais ou por outros organismos de direito público, cuja gestão esteja sujeita a um controlo por parte destes últimos ou cujos órgãos de administração (...) sejam compostos, em mais de metade, por membros designados pelo Estado, pelas autarquias locais, regio-

---

[21] V. tb. COUTINHO DE ABREU, *Sociedade anónima, a sedutora...*, p. 21.
[22] V. ainda o art. 1.º, a), da Directiva 93 / 37 e o art. 1.º, 1, da Directiva 93 / 38.

nais ou por outros organismos de direito público". O mais complicado de tudo isto é saber o que são (a) *organismos de direito público* (b) criados para satisfazer de um modo específico *necessidades de interesse geral sem carácter industrial ou comercial.*

a) A expressão não deve ser interpretada manietando-a a conceitos jurídicos tradicionais em Portugal. Atendendo às finalidades das directivas citadas, ela não pode significar tão-só pessoas colectivas de direito público; compreende igualmente pessoas colectivas de direito privado. Esta compreensão é de algum modo apoiada no terceiro "travessão" da definição transcrita, está confirmada nalgumas listas do anexo I da Directiva 93 / 37 e tem sido aceite pacificamente pelo Tribunal de Justiça [23].

b) Finalidade destes organismos é satisfazer *necessidades da generalidade dos sujeitos ou de comunidades alargadas* de sujeitos (comunidades nacionais, municipais...), não de pessoas ou grupos de pessoas determinados. E sem carácter "industrial ou comercial" (*industriel ou commercial, gewerblicher...*). Mais uma vez não deve recorrer-se às representações jurídicas (mercantis, sobretudo) portuguesas. O Tribunal de Justiça assentou já numa formulação: são necessidades de interesse geral sem carácter industrial ou comercial "as necessidades que, por um lado, são satisfeitas de modo diferente da oferta de bens ou de serviços no mercado e que, por outro lado, por razões ligadas ao interesse geral, o Estado opta por satisfazer ele próprio ou em relação às quais pretende manter uma influência determinante" [24].

---

[23] V., p. ex., os Acs. de 27 / 2 / 03 (Truley, C – 373 / 00) e de 22 / 5 / 03 (Korhonen, C – 18 / 01) em www.curia.eu.int.

[24] V. os Acs. citados na nota anterior, n.ºs 50 e 47, respectivamente. V. tb. a minha *últ. ob. cit.*, p. 22-23.

Ora, está bem de ver que *são muitas as empresas públicas qualificáveis como "organismos de direito público"* (*v. g.*, todas as referidas *supra* no n.º 4 e a grande maioria das empresas municipais). O DL 197 / 99 transpôs *imperfeitamente* as directivas mencionadas. Deve, pois, reconhecer-se "efeito directo" aos preceitos comunitários, *aplicando-os às nossas empresas públicas-"organismos de direito público"*.

7. A (não) participação dos trabalhadores na administração das empresas públicas

A democracia económica (cfr. art. 2.º da CRP) passa também pelo direito de os trabalhadores participarem na administração das empresas onde laboram. Prescreve o art. 89.º da CRP: "Nas unidades de produção do sector público é assegurada uma participação efectiva dos trabalhadores na respectiva gestão". Em consonância com esta norma, e concretizando-a em alguma medida, o art. 54.º, 5, f), da CRP estabelece ser direito das comissões de trabalhadores "promover a eleição de representantes dos trabalhadores para os órgãos sociais de empresas pertencentes ao Estado ou a outras entidades públicas, nos termos da lei".

Há uma lei que em termos genéricos dispõe algo sobre o assunto: L 46 / 79, de 12 de Setembro (lei das comissões de trabalhadores). Segundo o art. 30.º, 1, as comissões de trabalhadores promoverão a eleição de representantes dos trabalhadores para os órgãos sociais das respectivas empresas "do sector empresarial do Estado". Mas acrescenta o n.º 2 que "o número de trabalhadores a eleger e o órgão social competente são os previstos nos estatutos da respectiva empresa". Por sua vez, segundo o art. 31.º, 1, "nas empresas do sector empresarial do Estado" têm os trabalhadores (haja ou não comissão de trabalhadores e, havendo, promova ela ou não a eleição) "o direito de eleger, pelo menos, um representante para o respectivo órgão de gestão".

As empresas públicas estaduais (sociedades ou EPE) e as empresas municipais (EP, ECP ou ECMP) são "unidades de produção do sector público", "empresas pertencentes ao Estado ou a outras entidades públicas". No entanto, tanto o RSEE como os estatutos das novas empresas públicas estaduais *nada dizem* acerca da participação dos trabalhadores na administração[25]. Por sua vez, a LEMI estabelece no art. 6.º, 1, g), que os estatutos das empresas municipais especificarão "a forma de participação efectiva dos trabalhadores na gestão das empresas, nos termos da lei". Os estatutos das empresas que tive oportunidade de consultar *nada especificam.*

Parece que as citadas normas da CRP necessitam de mediação legislativa para serem exequíveis. Existe, é verdade, a L 46 / 79; mas é insuficiente. Seria necessário que o RSEE (ou, sendo o caso, os estatutos das empresas públicas estaduais constituídas por acto legislativo) e a LEMI ou uma lei geral previssem, designadamente, o número dos representantes dos trabalhadores nos órgãos de administração. A falta destas previsões consubstancia uma *inconstitucionalidade por omissão* (cfr. o art. 283.º da CRP).

---

[25] Diferentemente se passavam as coisas no DL 260 / 76 e nos estatutos das velhas EP (v. indicações na minha *Definição...*, p. 135-136, ns. (324) e (329).

PRINCÍPIOS DO COMÉRCIO ELECTRÓNICO

(BREVE APONTAMENTO AO DL 7 / 2004)

ALEXANDRE LIBÓRIO DIAS PEREIRA
Assistente da Faculdade de Direito da Universidade de Coimbra

Introdução

A Directiva n.º 2000/31/CE, do Parlamento Europeu e do Conselho, de 8 de Junho de 2000, relativa a certos aspectos legais dos serviços da sociedade de informação, em especial do comércio electrónico, no mercado interno, foi transposta para a ordem jurídica interna pelo Decreto-Lei n.º 7/2004, de 7 de Janeiro, no uso da autorização legislativa concedida pela Lei n.º 7/2003, de 9 de Maio, quase dois anos depois de terminado o prazo de transposição dado pela directiva (17 de Janeiro de 2002 – art. 22, 1).[1]

Em termos de *técnica legislativa*, optou o legislador por transpor a directiva comunitária mediante a técnica do legislar avulso adoptando um instrumento legislativo especial, ao invés de introduzir alterações na legislação vigente, em especial nos Códigos. Esta é, de resto, uma técnica já com tradições firmadas na legislação portuguesa sobre matérias informáticas, ainda que

---

[1] De resto, o próprio período de duração da autorização legislativa foi excedido (art. 6.º da Lei n.º 7/2003, de 9 de Maio), comprometendo a constitucionalidade do diploma. Este atraso é tanto mais difícil de justificar, em vista das diversas iniciativas nacionais para o comércio electrónico e a sociedade da informação desde 1997, acompanhadas de farta produção literária em matéria de documentos orientadores – como iniciativas governamentais e respectivos documentos, ver, por ex., a *Iniciativa Nacional para o Comércio Electrónico* (Resolução do Conselho de Ministros n.º 115/98, de 1 de Setembro), e o Documento Orientador da Iniciativa Nacional para o Comércio Electrónico (aprovado pela Resolução do Conselho de Ministros n.º 94/99); e a Iniciativa Internet – Portugal Digital (Resolução do Conselho de Ministros n.º 110/2000)…

a nosso ver não represente a melhor solução possível. Porém, nada obsta a que o legislador decida interromper o processo de descodificação, modernizando *inter alia* o Código Civil com as novidades de regime trazidas nomeadamente pelo comércio electrónico.

Quanto às suas *linhas orientadoras*, o diploma nacional pretende, fundamentalmente, regular os aspectos do comércio electrónico abrangidos pela directiva[2], a qual não se dirige a todo o comércio electrónico além de pressupor o acervo comunitário em vigor (para o qual remete)[3]. Note-se também que não é exacto o termo "comércio", no sentido de um direito comercial electrónico[4]; trata-se antes sobretudo de aspectos jurídicos do tráfego electrónico, que pode ser realizado por não comerciantes[5]

---

[2] Apesar de se cingir fundamentalmente ao conteúdo normativo da directiva, o diploma interno acrescentou lateralmente "alguns pontos carecidos de regulação na ordem jurídica portuguesa".

[3] É o que sucede, nomeadamente, com a directiva sobre os contratos à distância, transposta para a ordem jurídica portuguesa pelo Decreto-Lei n.º 143/2001, de 26 de Abril, e com a directiva sobre a comercialização à distância de serviços financeiros "em trabalhos de transposição".

[4] Para uma noção indicativa do comércio electrónico e suas modalidades, vide *Uma iniciativa europeia para o comércio electrónico*, Comunicação ao Parlamento Europeu, ao Conselho, ao Comité Económico e Social e ao Comité das Regiões COM (97) 157 final.

[5] Por exemplo, sujeitos que exercem profissões regulamentadas, nomeadamente médicos, advogados, arquitectos, etc. Por essa razão e tendo em conta que as actividades exercidas por estes grupos profissionais são especialmente atingidas pela Directiva comunitária, também outras entidades deveriam ter sido ouvidas, nomeadamente a Ordem dos Médicos e a Ordem Advogados. Como se pode ler no preâmbulo, foram ouvidas diversas entidades no âmbito do processo legislativo, a saber: a Comissão Nacional de Protecção de Dados, o ICP – Autoridade Nacional de Comunicações, o Banco de Portugal, a Comissão de Mercado de Valores Mobiliários, o Instituto de Seguros de Portugal, a Unidade de Missão Inovação e Conhecimento, o Instituto do Consumidor, a Associação Portuguesa para a Defesa dos Consumidores, a Associação Fonográfica Portuguesa e a Sociedade Portuguesa de Autores.

e que não é, nem por lei nem por natureza, uma actividade comercial[6]. Daí que certas matérias como a contratação electrónica devem ser reguladas como matérias "de direito comum e não apenas comercial". Para além desta dificuldade de ordem sistemática, a transposição procurou enquadrar as chamadas "categorias neutras" da directiva nos moldes conceptuais tradicionais da nossa ordem jurídica.

Assim, nos termos do art. 1.º, o diploma interno transpõe a directiva sobre comércio electrónico e o artigo 13 da directiva sobre a privacidade nas comunicações electrónicas.[7] O art. 2.º

---

[6] O facto de o comércio electrónico assentar nos chamados serviços da sociedade da informação, entendidos no acervo comunitário como qualquer serviço prestado à distância por via electrónica, no âmbito de uma actividade económica, na sequência de pedido individual do destinatário (com exclusão, portanto, da radiodifusão sonora ou televisiva), tal não significa que estes serviços revistam natureza comercial, por qualificação directa (que não resulta), por analogia *legis* ou por analogia *iuris*. Nada obsta, com efeito, a que serviços tradicionalmente não qualificados como comerciais, nomeadamente no âmbito das profissões regulamentadas, integrem a noção de serviços da sociedade da informação e constituam, nessa medida, comércio electrónico sem serem uma actividade juridicamente comercial. Estas considerações não pretendem negar, contudo, a natureza comercial de muitas das actividades que dão corpo ao comércio electrónico, sendo novas algumas delas, de resto: pense-se, por exemplo, na actividade dos prestadores de serviços da Internet que operam servidores que permitem o acesso à rede, a transmissão de mensagens, o armazenamento temporário, o alojamento de páginas, o correio electrónico (gratuito ou não), os «chats», serviços de informação e motores de busca e a publicidade. Claro que, com excepção da publicidade legalmente qualificada como actividade comercial, a actividade dos prestadores de serviços que não é legalmente regulamentada pode ser também exercida, por exemplo, por uma Universidade (por ex., o CIUC) ou por uma associação sem fim lucrativos. De todo o modo, poder-se-á sustentar a comercialidade jurídica desta actividade por analogia *iuris* com um princípio geral da comercialidade do sector terciário.

[7] Directiva n.º 2002/58/CE, de 12 de Julho de 2002, relativa ao tratamento de dados pessoais e a protecção da privacidade no sector das comunicações electrónicas (Directiva relativa à privacidade nas comunicações electrónicas).

exclui do âmbito do diploma sobre comércio electrónico a matéria fiscal, a disciplina da concorrência, o regime do tratamento de dados pessoais e da protecção da privacidade[8], o patrocínio judiciário, os jogos de fortuna, incluindo lotarias e apostas, em que é feita uma aposta em dinheiro, e a actividade notarial ou equiparadas, enquanto caracterizadas pela fé pública ou por outras manifestações de poderes públicos, ressalvando ainda as medidas tomadas a nível comunitário ou nacional na observância do direito comunitário para fomentar a diversidade cultural e linguística e para assegurar o pluralismo.

Procuraremos compreender de que modo estão consagrados na lei portuguesa os princípios do comércio electrónico que em nosso entender constituem as "traves-mestras" do regime legal do comércio electrónico, quais sejam:

– o princípio da liberdade de exercício (ou da desnecessidade de autorização prévia) de actividades económicas na Internet, articulado com o primado do direito comunitário na regulação do mercado interno do comércio electrónico (1);

– o princípio da transparência (2);

– o princípio da liberdade de celebração de contratos por meios electrónicos, e a protecção do consumidor no *tele--shopping* electrónico (3);

– o princípio da liberdade de comunicação e de navegação na Internet, e o reforço da protecção da propriedade intelectual (4);

– e o princípio da informalização dos meios (alternativos) de resolução de litígios (5).

---

[8] Não obstante a transposição do art. 13.º da directiva sobre privacidade nas comunicações electrónicas...

1. O princípio da liberdade de exercício (ou da desnecessidade de autorização prévia) de actividades económicas na Internet e o primado do direito comunitário na regulação do mercado interno do comércio electrónico

O princípio da liberdade de exercício (ou da desnecessidade de autorização prévia) de actividades económicas na Internet aplica-se, de pleno, às empresas da Internet em sentido estrito, isto é, as empresas que prestam serviços de acesso, alojamento de páginas, informação, motores de pesquisa e correio electrónico, bem como às empresas de certificação de assinaturas electrónicas. Além disso, este princípio vale para todas as actividades comerciais e profissionais, na medida em que não se exija uma autorização prévia para o exercício da respectvia actividade, tal como sucede no que respeita à prestação de serviços financeiros, à realização de leilões, às actividades de jogo, aos serviços de radiodifusão (*webcasting*) e, ainda, às profissões regulamentadas (por ex., advocacia).

Este princípio articula-se com o primado do direito comunitário na regulação do mercado interno do comércio electrónico, projectando-se na regra do controlo *a priori* do Estado-Membro de estabelecimento do prestador de serviços, bem como na liberdade de prestação intra-comunitária de serviços, sendo que as derrogações a esta liberdade são condicionadas ao respeito pelo direito comunitário.

Ora, o diploma português, na linha da directiva, prossegue a realização do mercado interno ao nível do comércio electrónico, subordinando os prestadores de serviços ao princípio do controlo do país de estabelecimento («home country control»). Com limitações, todavia, e tendo presente a jurisprudência do TJCE segundo a qual a escolha do local de estabelecimento não impede o Estado-membro de acolhimento de tomar as medidas contra o prestador de serviços se aquela escolha foi feita no intuito de iludir ou contornar a legislação desse Estado.

1.1. Para começar, a actividade de prestação de serviços da sociedade da informação[9] é subordinada ao princípio da liberdade de exercício, nos termos do qual a actividade de prestador de serviços da sociedade da informação não depende de autorização prévia (art. 3.º, 3).[10] Todavia, os chamados prestadores

---

[9] Que define como qualquer serviço prestado a distância por via electrónica, mediante remuneração ou pelo menos no âmbito de uma actividade económica na sequência de pedido individual do destinatário, com exclusão expressa dos serviços enumerados no anexo ao Decreto-Lei n.º 58/2000, de 18 de Abril, salvo no que respeita aos serviços contemplados nas alíneas c), d) e e) do n.º 1 daquele anexo (art. 3.º, 1 e 2). A definição de serviços da sociedade da informação é importante, uma vez que recorta o tipo de actividade que fica sujeito ao regime estabelecido no diploma. Desde logo, o princípo da liberdade de exercício não prejudica o disposto no domínio das telecomunicações, bem como todo o regime de autorização que não vise especial e exclusivamente os serviços da sociedade da informação (art. 3.º, 4).

O preâmbulo da directiva (cons. 18) recorta negativamente a noção de serviços da sociedade da informação no sentido de excluir diversas actividades, como sejam: os serviços enumerados na lista indicativa do anexo V da Directiva 98/34/CE que não envolvem tratamento e armazenamento de dados (1); actividades como a entrega de mercadorias enquanto tal ou a prestação de serviços fora de linha (2); a radiodifusão televisiva, na acepção da Directiva 89/552/CEE, e a radiodifusão, dado não serem prestados mediante pedido individual (3); a utilização do correio electrónico ou de comunicações comerciais equivalentes, por exemplo, por parte de pessoas singulares agindo fora da sua actividade comercial, empresarial ou profissional, incluindo a sua utilização para celebrar contratos entre essas pessoas (4); a relação contratual entre um assalariado e a sua entidade patronal (5); e, de um modo geral, as actividades que, pela sua própria natureza, não podem ser exercidas à distância e por meios electrónicos, tais como a revisão oficial de contas de sociedades, ou o aconselhamento médico, que exija o exame físico do doente (6).

[10] Certas exigências legais, nomeadamente em matéria de protecção dos consumidores, que podem colocar obstáculos à liberdade de prestação destes serviços são ressalvadas, uma vez que o diploma "não exclui a aplicação da legislação vigente que com ele seja compatível, nomeadamente no que respeita ao regime dos contratos celebrados a distância e não prejudica o nível de protecção dos consumidores, incluindo investidores, resultante da

intermediários de serviços em rede[11] que pretendam exercer estavelmente a actividade em Portugal ficam sujeitos a um dever de inscrição prévia junto da entidade de supervisão central.

Depois, os prestadores de serviços estabelecidos em Portugal[12] ficam sujeitos ao princípio do controlo do país de origem, nos termos do qual os prestadores ficam integralmente sujeitos à lei portuguesa relativa à actividade que exercem, mesmo no que concerne a serviços da sociedade da informação prestados noutro país comunitário (art. 4.º, 1).[13] O princípio do país de origem, no sentido da sujeição à lei do lugar do estabelecimento, aplica-se também aos prestadores de serviços da sociedade da informação não estabelecidos em Portugal mas estabelecidos noutro Estado membro da União Europeia, exclusivamente no

---

restante legislação nacional" (art. 3.º, 5). Todavia, em face do teor literal da norma, parece que só as disposições restritivas que forem compatíveis com o disposto no diploma é que poderão ser aplicadas. Assim, o legislador terá dado prevalência à liberdade do comércio electrónico em detrimento da protecção dos consumidores. Não obstante, a *ratio* do art. 1.º, 3, *in fine*, da directiva, é impedir que a aplicação nacional do direito do consumidor se traduza em proteccionismo económico contrário à liberdade de prestação de serviços da sociedade da informação no mercado interno, pelo que as soluções de protecção do consumidor consagradas no diploma ficam também sujeitas a esse controlo.

[11] Isto é, os prestadores de serviços técnicos para o acesso, disponibilização e utilização de informações ou serviços em linha independentes da geração da própria informação ou serviço (art. 4.º, 5).

[12] Para o efeito, à semelhança do previsto na directiva, considera-se estabelecido em Portugal um prestador de serviços que exerça uma actividade económica no país mediante um estabelecimento efectivo, seja qual for a localização da sua sede, não configurando a mera disponibilidade de meios técnicos adequados à prestação do serviço, só por si, um estabelecimento efectivo; se o prestador tiver estabelecimentos em vários locais considera-se estabelecido no local em que tenha o centro das suas actividades relacionadas com o serviço da sociedade da informação (art. 4.º, 2 e 3).

[13] Trata-se do sistema do passaporte comunitário com reconhecimento mútuo de padrões normativos.

que respeita a actividades em linha, relativamente aos próprios prestadores, nomeadamente no que respeita a habilitações, autorizações e notificações, à identificação e à responsabilidade, e ao exercício no que respeita, designadamente à qualidade e conteúdo dos serviços, à publicidade e aos contratos (art. 5.º, 1). Assim, em princípio, os serviços prestados em Portugal por operadores estabelecidos noutros Estados-membros da União Europeia não estão sujeitos a requisitos adicionais em Portugal, sendo portanto livre a sua prestação.[14]

1.2. Todavia, o princípio do controlo no país de estabelecimento sofre diversas excepções, não se aplicando a um conjunto significativo de situações (art. 6), a saber:

– a propriedade intelectual, incluindo a protecção das bases de dados e das topografias dos produtos semicondutores (1)[15];

– a emissão de moeda electrónica, por efeito de derrogação prevista no n.º 1 do artigo 8.º da Directiva n.º 2000/46/ /CE (2);

– a publicidade realizada por um organismo de investimento colectivo em valores mobiliários, nos termos do n.º 2 do artigo 44.º da Directiva n.º 85/611/CEE (3);

– a actividade seguradora, quanto a seguros obrigatórios, alcance e condições da autorização da entidade seguradora e empresas em dificuldades ou em situação irregular (4);

---

[14] Os serviços de origem extra-comunitária estão sujeitos à aplicação geral da lei portuguesa, bem como ao diploma do comércio electrónico em tudo o que não for justificado pela especificidade das relações intra-comunitárias (art. 5.º, 3). Esta disposição é susceptível de gerar dúvidas de interpretação, desde logo no que respeita ao princípio da liberdade de exercício de actividades de comércio electrónico. Será este princípio justificado pela especificidade das relações intra-comunitárias?

[15] Esta excepção ao princípio do controlo no país de origem pode entender-se como uma expressão de um princípio de reforço da protecção da propriedade intelectual no ambiente de risco do comércio electrónico.

- a matéria disciplinada por legislação escolhida pelas partes no uso da autonomia privada (5);
- os contratos celebrados com consumidores, no que respeita às obrigações deles emergentes (6);
- a validade dos contratos em função da observância de requisitos legais de forma, em contratos relativos a direitos reais sobre imóveis (7);
- e a permissibilidade do envio de mensagens publicitárias não solicitadas por correio electrónico (8).

Isto significa que relativamente a todas estas matérias o Estado-membro no qual o serviço é prestado pode impor os requisitos da sua legislação interna à prestação desse serviço. Vigora, portanto, quanto a estas matérias, o princípio do controlo pelo país de destinação/recepção do serviço.

A este primeiro círculo de restrições à liberdade de prestação de serviços da sociedade da informação junta-se um outro grupo de providências restritivas[16], autorizado pela directiva comunitária. Com efeito, nos termos do art. 7.º, os tribunais e outras entidades competentes, nomeadamente as entidades de supervisão, podem restringir a circulação de um determinado serviço da sociedade da informação proveniente de outro Estado membro da União Europeia se lesar ou ameaçar gravemente:

- a dignidade humana ou a ordem pública, incluindo a protecção de menores e a repressão do incitamento ao ódio fundado na raça, no sexo, na religião ou na nacionalidade, nomeadamente por razões de prevenção ou repressão de crimes ou de ilícitos de mera ordenação social (1);
- a saúde pública (2)[17];

---

[16] Ou de intervenção do controlo no país de destinação.
[17] Pense-se, nomeadamente, no regime de produção e comercialização de medicamentos, cosméticos, produtos homeopáticos e dispositivos médicos.

– a segurança pública, nomeadamente na vertente da segurança e defesa nacionais (3);

– e os consumidores, incluindo os investidores (4).

A adopção destas medidas restritivas deve cumprir certos deveres de notificação[18] e só é admitida em *ultima ratio*, uma vez que[19] devem ser precedidas da solicitação ao Estado membro de origem do prestador do serviço para pôr cobro à situação e, caso este o não tenha feito ou as providências que tome se revelem inadequadas, da notificação à Comissão e ao Estado membro de origem da intenção de tomar providências restritivas (art. 7.º, 2).[20] Em todo o caso, as providências tomadas devem ser proporcionais aos objectivos a tutelar (art. 7.º, 4). Com efeito,

---

[18] Com efeito, é devida comunicação à entidade de supervisão central (art. 9.º) por parte das entidades competentes que desejem promover a solicitação ao Estado membro de origem que ponha cobro a uma situação violadora, a fim de ser notificada ao Estado membro de origem, bem como pelas entidades competentes que tenham a intenção de tomar providências restritivas, ou as tomem efectivamente, que o devem fazer imediatamente, a fim de serem logo notificadas à Comissão e aos Estados membros de origem; em caso de providências restritivas de urgência devem ser também indicadas as razões da urgência na sua adopção.

[19] Sem prejuízo da realização de diligências judiciais, incluindo a instrução e demais actos praticados no âmbito de uma investigação criminal ou de um ilícito de mera ordenação social (art. 7.º, 4).

[20] O artigo 8.º dispõe que, em caso de urgência, as entidades competentes podem tomar providências restritivas não precedidas das notificações à Comissão e aos outros Estados membros de origem previstas no artigo anterior. Assim, literalmente, parece que a actuação de urgência não prescinde todavia da solicitação ao Estado-membro de origem para pôr cobro à situação. Todavia, parece-nos que a urgência da situação poderia justificar a dispensa dessa solicitação. A directiva, aliás, permite-o, dispondo que os Estados–Membros podem, em caso de urgência, derrogar as condições previstas na alínea b) do n.º 4. Nesse caso, as medidas devem ser notificadas no mais curto prazo à Comissão e ao Estado–Membro a que se refere o n.º 1, indicando as razões pelas quais consideram que existe uma situação de urgência." (art. 3.º, 5).

poder-se-á tratar de uma restrição injustificada à liberdade de prestação de serviços, competindo à Comissão, nos termos do art. 3.º, 6, analisar, com a maior celeridade, a compatibilidade das medidas notificadas com o direito comunitário e, se concluir que a medida é incompatível com o direito comunitário, a Comissão solicitará ao Estado-membro em causa que se abstenha de tomar quaisquer outras medidas previstas, ou ponha termo, com urgência, às medidas já tomadas.[21]

2. O princípio da transparência

O princípio da transparência traduz-se em exigências de informação e em restrições à publicidade. Por um lado, este princípio significa que quem fizer comércio electrónico em Portugal terá que fornecer um conjunto de informações em língua portuguesa sobre a sua empresa e os seus produtos e/ou serviços na respectiva página (ou loja virtual), nomeadamente no que respeita aos preços. Por outro lado, o princípio da transparência implica que a publicidade na Internet, seja nas páginas web, seja por correio electrónico, esteja sujeita ao Código da Publicidade (por ex., não pode ser nem subliminar nem enganosa) e terá que respeitar as regras de protecção da privacidade («*spamming*»), ficando o anunciante por e-marketing directo contratualmente vinculado ao conteúdo das suas mensagens publicitárias. Além disso, a publicidade das profissões regulamentadas é permitida segundo os termos a definir pelas respectivas ordens profissionais e, em princípio, as leis da publicidade aplicam-se à publicidade radiodifundida pela Internet (*webcasting*).

2.1. Nos termos do diploma interno, um dos requisitos impostos aos prestadores dos serviços da sociedade de informação para o exercício das suas actividades é a disponibilização

---

[21] A Decisão da Comissão poderá ser objecto de contencioso comunitário.

permanente de informações (art. 10.º), de modo a que se possa saber quem é quem no comércio electrónico. As informações a disponibilizar variam consoante os prestadores de serviços estejam ou não sujeitos a autorização prévia. Relativamente a estes últimos, os prestadores de serviços são obrigados a disponibilizar permanentemente em linha, em condições que permitam um acesso fácil e directo, elementos completos de identificação que incluam, nomeadamente, nome ou denominação social (1), endereço geográfico em que se encontra estabelecido e endereço electrónico, em termos de permitir uma comunicação directa (2), inscrições do prestador em registos públicos e respectivos números de registo (3), e o número de identificação fiscal (4); além disso, se os serviços prestados implicarem custos para os destinatários além dos custos dos serviços de telecomunicações, incluindo ónus fiscais ou despesas de entrega, estes devem ser objecto de informação clara anterior à utilização dos serviços (5).

Quanto aos prestadores sujeitos a autorização prévia, a estas informações acresce a informação relativa à entidade que a concedeu ou, tratando-se de prestador que exerce uma profissão regulamentada, o título profissional e o Estado membro em que foi concedido, a entidade profissional em que se encontra inscrito, bem como as regras profissionais que disciplinam o acesso e o exercício dessa profissão.

2.2. Por outro lado, a directiva regula as chamadas comunicações comerciais, a que o legislador nacional chama «comunicações publicitárias em rede», designação que lhe "parece preferível" porquanto "é sempre e só a publicidade que está em causa".[22] Neste contexto, a regulação do legislador nacional não se esgota na tradução da directiva sobre comércio electrónico,

---

[22] Melhor seria que se tivesse bastado com o termo "publicidade" consagrado no direito português no sentido de abranger as comunicações promocionais cuja natureza comercial é definida por lei. Além disso, ao legislador cumpre fazer leis, não editar pareceres com valor normativo.

uma vez que, na problemática das comunicações não solicitadas, transpõe parcialmente a directiva relativa à privacidade e às comunicações electrónicas, a saber: o artigo 13.º sobre as comunicações não solicitadas, que determina que as comunicações para fins de marketing directo apenas podem ser autorizadas em relação a destinatários que tenham dado o seu consentimento prévio.

Mais em pormenor, as comunicações publicitárias em rede e marketing directo são reguladas no capítulo IV. Começa, no art. 20.º, por delimitar o âmbito de aplicação. Embora não forneça um conteúdo positivo de comunicação publicitária em rede, dispõe que ela pode ter somente por fim promover a imagem de um operador comercial, industrial, artesanal ou integrante de uma profissão regulamentada.[23] Além disso, à semelhança da directiva, exclui da noção de comunicação publicitária em rede as mensagens que se limitem a identificar ou permitir o acesso a um operador económico ou identifiquem objectivamente bens, serviços ou a imagem de um operador, em colectâneas ou listas, particularmente quando não tiverem implicações financeiras, embora se integrem em serviços da sociedade da informação (a), e as mensagens destinadas a promover ideias, princípios, iniciativas ou instituições (b).

As comunicações publicitárias ficam sujeitas a certos requisitos. Desde logo em matéria de *identificação e informação*, dispondo o art. 21.º que nas comunicações publicitárias prestadas à distância, por via electrónica, devem ser claramente identificados de modo a serem apreendidos com facilidade por um destinatário comum:

a) a natureza publicitária, logo que a mensagem seja apresentada no terminal e de forma ostensiva;
b) o anunciante;

---

[23] Esta noção parece abranger o patrocínio publicitário (*sponsorship*).

c) as ofertas promocionais, como descontos, prémios ou brindes, e os concursos ou jogos promocionais, bem como os condicionalismos a que ficam submetidos.

Esta disposição pouco acrescenta em relação ao princípio da identificabilidade já consagrado no Código da Publicidade. Melhor teria sido que tivesse previsto modos de cumprimento da obrigação de identificabilidade da publicidade, nomeadamente através de banners e outros meios análogos adequados ao ambiente interactivo do comércio electrónico (por ex., em matéria de exploração publicitária de *browsers* e *meta-tags*, e na técnica *pop-up*).

Por outro lado, quanto às comunicações não solicitadas, dispõe o art. 22.º que o envio de mensagens para fins de marketing directo, cuja recepção seja independente de intervenção do destinatário, nomeadamente por via de aparelhos de chamada automática, aparelhos de telecópia ou por correio electrónico, carece de consentimento prévio do destinatário.[24] Este princípio da necessidade de autorização prévia do destinatário não se aplica, todavia, às mensagens enviadas a pessoas colectivas, ficando, no entanto, aberto aos destinatários o recurso ao sistema de opção negativa.[25] Além disso, o fornecedor de um pro-

---

[24] Este era, de resto, o regime que a nosso ver resultava da aplicação da lei sobre a privacidade nas telecomunicações (Lei n.º 69/98 de 28 de Outubro, que transpõe a Directiva n.º 97/66/CE, do Parlamento Europeu e do Conselho, de 15 de Dezembro de 1997) ao correio electrónico, e antes já consagrado expressamente para a publicidade por telefone e telecópia pela Lei n.º 6/99, de 27 de Janeiro (art. 5.º), não obstante esta lei excluir o correio electrónico do seu âmbito de aplicação (art. 1.º, 2).

[25] Neste sentido, as entidades que promovam o envio de comunicações publicitárias não solicitadas cuja recepção seja independente da intervenção do destinatário têm o dever de manter, por si ou por organismos que as representem, uma lista actualizada de pessoas que manifestaram o desejo de não receber aquele tipo de comunicações, sendo proibido o envio de comunicações publicitárias por via electrónica a essas pessoas.

duto ou serviço, no que respeita aos mesmos ou a produtos ou serviços análogos, pode enviar publicidade não solicitada aos clientes com quem celebrou anteriormente transacções, se ao cliente tiver sido explicitamente oferecida a possibilidade de o recusar por ocasião da transacção realizada e se não implicar para o destinatário dispêndio adicional ao custo do serviço de telecomunicações.

Porém, nas situações em que a lei permite o envio de publicidade não solicitada sem autorização prévia do destinatário, este deve ter acesso a meios que lhe permitam a qualquer momento recusar, sem ónus e independentemente de justa causa, o envio dessa publicidade para futuro. Para o efeito, é proibido o envio de correio electrónico para fins de marketing directo, ocultando ou dissimulando a identidade da pessoa em nome de quem é efectuada a comunicação, devendo cada comunicação não solicitada indicar um endereço e um meio técnico electrónico, de fácil identificação e utilização, que permita ao destinatário do serviço recusar futuras comunicações.

2.3. Um aspecto inovador respeita à publicidade das profissões regulamentadas, como a medicina, a advocacia, a arquitectura, os ROCs, etc. Dispõe o art. 23.º, 1, que as comunicações publicitárias à distância por via electrónica em profissões regulamentadas são permitidas mediante o estrito cumprimento das regras deontológicas de cada profissão, nomeadamente as relativas à independência e honra e ao sigilo profissionais, bem como à lealdade para com o público e dos membros da profissão entre si. Não obstante esta abertura à publicidade das profissões regulamentadas imposta pela directiva, resta saber em que termos as ordens profissionais darão expressão a esta liberdade num domínio tradicionalmente muito restritivo, e se é que afinal a publicidade que permitirão não corresponderá a simples informação excluída da noção de comunicação publicitária.

3. O princípio da liberdade de celebração de contratos por meios electrónicos e a protecção do consumidor no *tele--shopping* electrónico

O princípio da liberdade de celebração de contratos por meios electrónicos significa reconhecer a declaração electrónica como meio idóneo de manifestação da vontade e que os contratos electrónicos satisfazem a exigência legal de forma escrita, salvo nos casos permitidos pela directiva comunitária (por ex., contratos reais imobiliários *quod effectum* e negócios pessoais, como o casamento). Por outro lado, o documento com assinatura electrónica certificada por empresa acreditada pelo ITIJ tem força probatória plena, dependendo a certificação acreditada da verificação de um conjunto de requisitos humanos, técnicos e financeiros (v.g., seguro obrigatório de responsabilidade civil). Ainda em matéria contratual, rege, em princípio, a teoria da recepção em matéria do momento da celebração dos contratos. Além disso, parece-nos que os contratos reais *quod constitutionem* poderão ter lugar através do comércio electrónico directo (por ex., depósito de software) apesar da orientação comunitária remeter estas entregas para a categoria genérica dos serviços.

3.1. Em matéria de contratação electrónica, a directiva consagrou o princípio da liberdade de celebração de contratos por meios electrónicos, de modo a não levantar obstáculos legais ao recurso a esta forma de contratação. Admitindo excepções, todavia. O legislador nacional teve em atenção a "delicadeza" desta matéria e teve o cuidado de esclarecer que o regime consagrado é de aplicação geral a todos os tipos de contratos, independentemente da sua qualificação civil ou comercial.

Assim, sujeitam-se os contratos ao princípio da liberdade de recurso à via electrónica para a celebração de contratos, no sentido de a exigência de forma escrita ser satisfeita por essa via. Isto não constitui, todavia, um desvio ao princípio geral da liberdade de forma das declarações negociais (art. 219.º do Código Civil). Trata-se antes de esclarecer, quando a lei exije forma escrita para a validade do negócio, que essa forma é satisfeita, salvo nos casos excepcionados, através dos documentos electrónicos. Nesse sentido, retomou algo que já constava do art. 3.º, 1, do diploma das assinaturas electrónicas.[26] Mas, aparentemente, ao invés de remeter para o regime deste diploma, retomou a fórmula "ampla e independente de considerações técnicas" constante do artigo 4.º do Código dos Valores Mobiliários: as declarações emitidas por via electrónica satisfazem as exigências legais de forma escrita quando oferecem as mesmas garantias de fidedignidade, inteligibilidade e conservação.

3.2. Mais em pormenor, a chamada contratação electrónica vem regulada no capítulo V. Define-se o âmbito de aplicação das disposições sobre contratação electrónica no art. 24.º, no sentido de abranger todo o tipo de contratos celebrados por via electrónica ou informática, sejam ou não qualificáveis como comerciais.[27] As regras da contratação electrónica tratam de vários aspectos, nomeadamente a validade da celebração de negócios jurídicos por forma electrónica, os dispositivos de identificação e correcção de erros, as informações prévias a prestar à outra parte, o valor da ordem de encomenda e do aviso de recepção, e ainda os chamados agentes electrónicos (contratação automatizada sem intervenção humana).

Para começar, o art. 25.º consagra o *princípio da liberdade de celebração de contratos por via electrónica*, no sentido de

---

[26] Decreto-Lei n.º 290-D/99, de 2 de Agosto, alterado pelo Decreto-Lei n.º 62/2003, de 3 de Abril (transpõe a Directiva 1999/93/CE, do Parlamento Europeu e do Conselho, de 13 de Dezembro, relativa a um quadro legal comunitário para as assinaturas electrónicas).

[27] A referência legal aos contratos não parece dever ser entendida como excluindo do âmbito de aplicação das regras da contratação electrónica os negócios jurídicos unilaterais, como sejam a promessa pública (art. 459.º do Código Civil).

impedir que a validade ou eficácia destes seja prejudicada pela utilização deste meio. Todavia, ficam excluídos deste princípio os negócios jurídicos: familiares (por ex., casamento) e sucessórios (por ex., testamento); os negócios que exijam a intervenção de tribunais, entes públicos ou outros entes que exerçam poderes públicos, nomeadamente quando aquela intervenção condicione a produção de efeitos em relação a terceiros e ainda os negócios legalmente sujeitos a reconhecimento ou autenticação notariais[28]; reais imobiliários (por ex., compra e venda ou hipoteca de imóvel), com excepção do arrendamento[29]; de caução e de garantia, quando não se integrarem na actividade profissional de quem as presta.

O princípio da liberdade de celebração de negócios por via electrónica significa também que só tem de aceitar a via electró-

---

[28] Significa isto que a promessa obrigacional de compra e venda de imóvel não pode ser concluída por meios electrónicos quando seja exigida a intervenção do notário tal como previsto no art. 410.º, 3, do Código Civil? Sendo a autenticação notarial mera formalidade *ad probationem* que não *ad substantiam*, então as exigências de valor probatório do documento poderiam ser satisfeitas através da aposição de assinatura electrónica qualificada certificada por empresa credenciada, nos termos do diploma sobre as assinaturas electrónicas. Com efeito, em ambos os casos gozaria o documento de força probatória plena. Todavia, o diploma interno fez lei do preâmbulo da directiva sobre comércio electrónico, excluindo do princípio da liberdade de celebração por meios electrónicos os negócios legalmente sujeitos a reconhecimento ou autenticação notariais, certamente em atenção à importância do papel do notário no nosso direito e por razões de protecção da parte mais fraca. Todavia, na medida em que essa intervenção não seja requerida, não há obstáculos legais à celebração por meios electrónicos de contratos-promessa obrigacionais de compra e venda de imóveis.

[29] Ao excepcionar o arrendamento, não nos parece que o legislador tenha tomado posição sobre a questão da natureza jurídica do arrendamento, à semelhança da directiva. Claro que se fosse óbvio que os direitos de arrendamento não são direitos reais então não seria necessário excluí-los da derrogação. Mas sempre se poderá dizer que o arrendamento não é tratado como os demais negócios reais imobiliários, justamente por não ser contrato real *quod effectum*, isto é, por não se tratar de negócio constitutivo de direitos reais.

nica para a celebração de um contrato quem se tiver vinculado a proceder dessa forma (nº 3). De resto, em ordem a proteger os consumidores são proibidas cláusulas contratuais gerais que imponham a celebração por via electrónica dos contratos com consumidores (nº 4).

Por outro lado, consagra-se, em matéria de forma, o princípio da equiparação do documento electrónico ao documento escrito, dispondo o art. 26.º, que as declarações emitidas por via electrónica satisfazem a exigência legal de forma escrita quando contidas em suporte que ofereça as mesmas garantias de fidedignidade, inteligibilidade e conservação, e que o documento electrónico vale como documento assinado quando satisfizer os requisitos da legislação sobre assinatura electrónica e certificação.

3.3. Um outro aspecto do regime jurídico da contratação electrónica respeita aos dispositivos de identificação e correcção de erros. O art. 27.º prescreve uma regra imperativa para as relações com consumidores nos termos da qual o prestador de serviços em rede que celebre contratos por via electrónica deve disponibilizar aos destinatários dos serviços meios técnicos eficazes que lhes permitam identificar e corrigir erros de introdução, antes de formular uma ordem de encomenda.

Em matéria de informações prévias prescreve o art. 28.º uma regra imperativa nas relações com consumidores, nos termos da qual o prestador de serviços em rede que celebre contratos em linha deve facultar aos destinatários, antes de ser dada a ordem de encomenda, informação mínima inequívoca que inclua[30]:

---

[30] A esta informação mínima acresce a informação prévia devida ao consumidor nos termos, nomeadamente, do art. 4.º da lei dos contratos à distância – Decreto-Lei n.º 143/2001, de 26 de Abril (transpõe para a ordem jurídica interna a Directiva n.º 97/7/CE, do Parlamento Europeu e do Conselho, de 20 de Maio, relativa à protecção dos consumidores em matéria de contratos celebrados à distância, regula os contratos ao domicílio e equiparados, as vendas automáticas e as vendas especiais esporádicas e estabelece modalidades proibidas de vendas de bens ou de prestação de serviços).

– o processo de celebração do contrato (1);

– o arquivamento ou não do contrato pelo prestador de serviço e a acessibilidade àquele pelo destinatário (2);

– a língua ou línguas em que o contrato pode ser celebrado (3);

– os meios técnicos que o prestador disponibiliza para poderem ser identificados e corrigidos erros de introdução que possam estar contidos na ordem de encomenda (4);

– os termos contratuais e as cláusulas gerais do contrato a celebrar (5);

– e os códigos de conduta de que seja subscritor e a forma de os consultar electronicamente (6).

3.4. Ainda em matéria de contratação, o legislador nacional versou sobre uma questão discutida que não é resolvida na directiva. Trata-se do problema do momento da conclusão do contrato, em especial saber se o aviso de recepção da encomenda pode ser considerado como aceitação ou não. O diploma interno optou pela resposta negativa, apoiando-se no entendimento considerado maioritário segundo o qual "o aviso de recepção destina-se a assegurar a efectividade da comunicação electrónica, apenas, e não a exprimir uma posição negocial." Contudo, dispõe que a ordem de encomenda só se torna definitiva "com a confirmação do destinatário, dada na sequência do aviso de recepção, reiterando a ordem emitida" (art. 29.º, 5).

Isto significa a introdução de um regime especial, de natureza imperativa, no comércio electrónico B2C, uma vez que, apesar de se repetir o critério geral segundo o qual a oferta de produtos ou serviços em linha representa proposta contratual ou convite a contratar, consoante contiver ou não todos os elementos necessários para que o contrato fique concluído com a aceitação, parece que a aceitação só se dá à segunda vez, aquando da confirmação, e não logo no momento da aceitação inicial por parte do destinatário no caso de proposta contratual.

Com efeito, o art. 29.º, sobre a ordem de encomenda e o aviso de recepção, dispõe uma regra imperativa nas relações com consumidores, nos termos da qual logo que receba uma ordem de encomenda por via exclusivamente electrónica, o prestador de serviços deve acusar a recepção[31] igualmente por meios electrónicos[32], salvo se houver imediata prestação em linha do produto ou serviço. Com a confirmação do destinatário, dada na sequência do aviso de recepção de modo a reiterar a ordem emitida, a encomenda torna-se definitiva («dupla consensualidade»). Por isso dispõe o art. 32.º, 2, que o mero aviso de recepção da ordem de encomenda não tem significado para a determinação do momento da conclusão do contrato.

Todavia, se ao invés desse aviso houver imediata prestação em linha do produto ou serviço (por ex., compra e venda electrónica de música ou jogo de computador), parece que o contrato estará concluído à primeira, a menos que se entenda que o contrato se concluirá com a prestação em linha do produto ou serviço, o que significaria a introdução de uma excepção ao princípio da consensualidade, no sentido de se exigir um modo para a perfeição do negócio traduzido na entrega da coisa encomendada. Todavia, não nos parece que assim seja, pelo que, salvo quando a natureza do negócio assim o exija (por ex., no caso do depósito), a imediata prestação em linha (isto é, no domínio do chamado comércio electrónico directo) do produto ou serviço encomendado deve entender-se não como condição

---

[31] Devendo o aviso de recepção conter a "identificação fundamental" do contrato a que se refere. Resta saber o que se entende por informação fundamental, embora nos pareça que este conceito deverá ser normativamente preenchido por remissão nomeadamente para o regime dos contratos à distância.

[32] Ainda que mediante envio da comunicação para o endereço electrónico que foi indicado ou utilizado pelo destinatário do serviço.

de conclusão do negócio mas antes como cumprimento do mesmo, já anteriormente concluído à primeira com a aceitação da oferta contratual.[33]

As regras sobre dispositivos de identificação e correcção de erros, informações prévias e ordem de encomenda e aviso de recepção, para além de a sua imperatividade ser limitada às relações com consumidores, não se aplicam aos contratos celebrados exclusivamente por correio electrónico ou outro meio de comunicação individual equivalente (art. 31.º).

3.5. Por outro lado, o art. 31.º estabelece critérios sobre a apresentação dos termos contratuais e cláusulas gerais, dispondo que os termos contratuais e as cláusulas gerais, bem como o aviso de recepção, devem ser sempre comunicados de maneira que permita ao destinatário armazená-los e reproduzi-los (1). O n. 2 consagra a teoria da recepção consagrada no art. 224.º do Código Civil, dispondo que a ordem de encomenda, o aviso de recepção e a confirmação da encomenda consideram-se recebidos logo que os destinatários têm a possibilidade de aceder a eles (ou seja, a nosso ver, quando a mensagem é recebida na memória do computador utilizado na negociação ou, consoante o caso, na caixa de correio electrónico do destinatário – não apenas no servidor, portanto). Também o art. 32.º, 1, sobre proposta contratual e convite a contratar, repete regra geral, dis-

---

[33] Com efeito, no que respeita ao B2C, parece o regime jurídico considerar a posição do prestador como de oferta negocial ou proposta contratual (cfr. art. 4.º, 1-h, do diploma dos contratos à distância), que não de mero convite a contratar. Além disso, poderá sustentar-se que o art. 29.º, 5, ao invés de estabelecer uma regra especial sobre o momento da celebração do contrato, limita-se a sujeitar estes negócios a confirmação, conferindo ao consumidor um "direito de arrependimento" que lhe permite desfazer o negócio mediante não confirmação da encomenda. Porém, esse direito está previsto noutros lugares da legislação do consumidor, parecendo que se trata aqui realmente do problema do momento da conclusão do contrato.

pondo que a oferta de produtos ou serviços em linha representa uma proposta contratual quando contiver todos os elementos necessários para que o contrato fique concluído com a simples aceitação do destinatário, representando, caso contrário, um convite a contratar. De resto, salvo critério especial, o regime geral é o do Código Civil, para o qual o diploma poderia ter remetido.

3.6. Inovadora no quadro jurídico português é a regulação da chamada contratação entre computadores, isto é, inteiramente automatizada, sem intervenção humana (através dos chamados agentes electrónicos). Remete-se para as regras comuns na medida em que estas não possuponham a actuação (humana) e são definidos os termos em que se aplicam em tais casos as disposições sobre erro.

Assim, o art. 33.º sobre contratação sem intervenção humana, dispõe que à contratação celebrada exclusivamente por meio de computadores, sem intervenção humana, é aplicável o regime comum, salvo quando este pressupuser uma actuação. Mais acrescenta que são aplicáveis as disposições sobre erro na formação da vontade, se houver erro de programação (1); na declaração, se houver defeito de funcionamento da máquina (2); e na transmissão, se a mensagem chegar deformada ao seu destino (3). Além disso, a outra parte não pode opor-se à impugnação por erro sempre que lhe fosse exigível que dele se apercebesse, nomeadamente pelo uso de dispositivos de detecção de erros de introdução.

Finalmente, numa matéria também inovadora e procurando dar cumprimento à directiva no que toca à solução de litígios por via electrónica, dispõe o art. 34.º que é permitido o funcionamento em rede de formas de solução extrajudicial de litígios entre prestadores e destinatários de serviços da sociedade da informação, com observância das disposições concernentes à validade e eficácia dos documentos referidas no capítulo sobre a contratação electrónica (cap. V).

3.7. A regulação do comércio electrónico é fortemente marcada pelo princípio da protecção do consumidor no «teleshopping» electrónico, uma vez que da confiança do consumidor na comercialização electrónica depende em larga medida o crescimento deste novo meio de actuação económica. Sendo consumidor quem actua para fins diferentes da sua actividade profissional e se da outra parte estiver um profissional no exercício da sua actividade (B2C vs. B2B), o consumidor tem direito a receber informações prévias sobre os bens e os contratos à distância, assumindo relevo contratual a informação fornecida. Além disso, o consumidor tem o direito de «resolver» *ad nutum e sem despesas* os contratos à distância no prazo geral de 14 dias, e não são permitidas cláusulas contratuais abusivas. Uma outra dimensão em que este princípio se projecta consiste no regime de tratamento mais favorável em matéria de jurisdição (tribunal competente e lei aplicável) bem como nas possibilidades de recurso a meios alternativos de resolução de conflitos.

Com efeito, a protecção do consumidor no *iter* negocial do comércio electrónico justifica a imposição de vários limites à liberdade contratual, mediante normas imperativas de protecção. Estes limites estão previstos na lei do comércio electrónico[34], que em alguns aspectos não se quedou pela transposição da directiva. Desde logo, é proibida a publicidade oculta (art. 21.º).[35] De igual modo, o envio automático de mensagens electrónicas para fins de marketing directo depende em princípio de

---

[34] Decreto-Lei n.º 7/2004, de 7 de Janeiro, transpôs para a ordem jurídica interna a Directiva n.º 2000/31/CE, do Parlamento Europeu e do Conselho, de 8 de Junho de 2000, relativa a certos aspectos legais dos serviços da sociedade de informação, em especial do comércio electrónico, no mercado interno.

[35] O princípio da identificabilidade das mensagens publicitárias é de resto um princípio geral do nosso direito publicitário, encontrando-se expressamente consagrado no Código da Publicidade (Decreto-Lei n.º 330/90, de 23 de Outubro, com alterações posteriores).

autorização do consumidor (art. 22.º). Depois, são inválidas as cláusulas que imponham ao consumidor o recurso à contratação automática (art. 25.º, 4).[36] Além disso, o fornecedor tem que colocar à disposição do consumidor dispositivos de identificação e correcção de erros (art. 27.º), bem como prestar-lhe um conjunto de informações prévias à ordem de encomenda e ao aviso de recepção (art. 28.º), devendo acusar imediatamente a recepção da encomenda no comércio electrónico indirecto (art. 29.º), salvo no que respeita aos contratos celebrados exclusivamente por correio electrónico ou outro meio de comunicação equivalente (art. 30.º). Também para proteger o consumidor o contrato só se celebra "à segunda", mediante confirmação da ordem de encomenda dada na sequência do aviso de recepção (art. 29.º, 5) do prestador, que parece dever estar em situação de oferta negocial.

Por outro lado, os contratos negociados e concluídos por consumidores através da internet constituem uma espécie de contratos à distância, encontrando-se, nessa medida, sujeitos ao respectivo regime[37], que impõe vários limites à liberdade contratual.

---

[36] Isto acresce à proibição das cláusulas contratuais abusivas prevista na lei das cláusulas contratuais gerais (Decreto-Lei n.º 446/85, de 25 de Outubro, e alterado pelo Decreto-Lei n.º 220/95 de 31 de Janeiro (que transpõe a Directiva 93/13/CEE do Conselho de 5 de Abril de 1993 relativa às cláusulas abusivas nos contratos celebrados com os consumidores), e pelo Decreto-Lei n.º 249/99, de 31 de Julho).

[37] Decreto-Lei n.º 143/2001, de 26 de Abril (transpõe para a ordem jurídica interna a Directiva n.º 97/7/CE, do Parlamento Europeu e do Conselho, de 20 de Maio, relativa à protecção dos consumidores em matéria de contratos celebrados a distância, regula os contratos ao domicílio e equiparados, as vendas automáticas e as vendas especiais esporádicas e estabelece modalidades proibidas de vendas de bens ou de prestação de serviços). No domínio dos serviços financeiros, veja-se a Directiva 2002/65/CE do Parlamento Europeu e do Conselho, de 23 de Setembro de 2002, relativa à comercialização à distância de serviços financeiros prestados a consumidores e que altera as Directivas 90/619/CEE do Conselho, 97/7/CE e 98/27/CE.

Com efeito, o consumidor tem direito a um conjunto de informações prévias à celebração do contrato, que acrescem às previstas na lei do comércio electrónico, podendo ser atribuído relevo contratual a essa informação nos termos da lei geral do consumidor.[38] Além disso, o consumidor tem o direito de «resolver» *ad nutum* e sem despesas os contratos à distância no prazo geral de 14 dias.

Um outro aspecto da protecção do consumidor traduz-se num regime de jurisdição favorável, quer em termos de tribunal competente quer de lei aplicável, uma vez que, verificados certos requisitos, o consumidor poderá intentar acções contra a outra parte no tribunal do seu domicílio, o qual aplicará a respectiva legislação. Esta solução decorre do regulamento comunitário sobre competência judiciária em acções cíveis e comerciais[39], e da convenção de Roma sobre a lei aplicável às obrigações contratuais.[40] Este regime de jurisdição favorável não cede em princípio em face da regra do controlo no país de origem, a qual, para além de se dirigir sobretudo à supervisão administrativa, admite a possibilidade de controlo no país de destino ainda que condicionado ao respeito pelo direito comunitário.

4. O princípio da liberdade de comunicação e de navegação na Internet, e o reforço da propriedade intelectual na Internet

O princípio da liberdade de comunicação e de navegação na Internet consubstancia-se na «irresponsabilidade» dos presta-

---

[38] Lei do Consumidor (Lei n.º 24/96, de 31 de Julho).

[39] Regulamento (CE) n.º 44/2001 do Conselho, de 22 de Dezembro de 2000, relativo à competência judiciária, ao reconhecimento e à execução de decisões em matéria civil e comercial.

[40] Convenção de Roma sobre a Lei Aplicável às Obrigações Contratuais (1980).

dores de serviços de simples transporte, de armazenagem temporária e em servidor, de hiper-ligações e motores de pesquisa, bem como na ausência de uma obrigação geral de vigilância a seu cargo. Não obstante, no que respeita aos fornecedores de conteúdos, este princípio sofre importantes derrogações resultantes de restrições à prestação de conteúdos a menores, conteúdos para adultos e ilegais, nomeadamente por violação dos reforçados direitos de propriedade intelectual.

4.1. A directiva prossegue também a regulação da responsabilidade dos prestadores intermediários de serviços no sentido de os irresponsabilizar – e de com isso promover a liberdade de navegação e de comunicação por via da redução dos custos de seguros, que se repercutiriam sobre os utilizadores – da ilicitude das mensagens que disponibilizam. Em vista da directiva, o diploma interno (cap. III) não estabelece nenhum dever geral de vigilância do prestador intermediário de serviços sobre as informações que transmite ou armazena ou a que faculte o acesso, e enuncia os deveres comuns a todos os chamados intermediários; depois, consagra o regime de responsabilidade específico das actividades de simples transporte, armazenagem intermediária (ou temporária) e armazenagem principal (ou em servidor).

Sobre esta matéria, em dois aspectos deixados em aberto pela directiva, o legislador nacional avançou com a assimilação dos prestadores intermediários de serviços de associação de conteúdos (como os instrumentos de busca e as hiperconexões) aos prestadores de serviços de armazenagem principal, e, certamente inspirado na solução da DMCA estadunidense, introduziu, por razões de celeridade, um esquema administrativo de resolução provisória de litígios – sem prejuízo da solução definitiva do litígio por via judicial – que surjam quanto à licitude de conteúdos disponíveis em rede que confiou à entidade de supervisão respectiva.

4.2. Assim, o diploma do comércio electrónico submete o regime da responsabilidade dos prestadores de serviços em rede ao princípio da equiparação (art. 11.º), que consiste em sujeitar ao regime comum a responsabilidade dos prestadores de serviços em rede, incluindo nos casos de associação de conteúdos, ainda que com algumas especificações. O regime comum será, em matéria de responsabilidade civil, o regime previsto no Código Civil. Além disso, o diploma estabelece uma regra de ausência de um dever geral de vigilância dos prestadores intermediários de serviços, no sentido de não sujeitar os prestadores intermediários de serviços em rede a uma obrigação geral de vigilância sobre as informações que transmitem ou armazenam ou de investigação de eventuais ilícitos praticados no seu âmbito (art. 12.º).[41]

Isto não significa que os prestadores intermediários dos serviços fiquem isentos de responsabilidade. Pelo contrário, aos prestadores intermediários dos serviços são impostos certos deveres comuns, que se consubstanciam numa obrigação de colaboração com as entidades competentes (art. 13.º). Com efeito, cabe aos prestadores intermediários de serviços informar de imediato quando tiverem conhecimento de actividades ilícitas que se desenvolvam por via dos serviços que prestam (1), satisfazer os pedidos de identificar os destinatários dos serviços com quem tenham acordos de armazenagem (2), cumprir prontamente as determinações destinadas a prevenir ou pôr termo a uma infracção, nomeadamente no sentido de remover ou impossibilitar o acesso a uma informação (3), e fornecer listas de titulares de sítios que alberguem, quando lhes for pedido (4).

---

[41] Pode questionar-se o acerto e o efeito útil desta disposição, uma vez que estabelece um genérico "não dever", como se houvesse um dever fundador de *culpa in vigilando* ou, quiçá, responsabilidade objectiva.

4.3. O regime de responsabilidade específico das actividades de simples transporte, armazenagem intermediária (ou temporária) e armazenagem principal (ou em servidor) segue, quase *verbatim*, o texto da directiva.

Quanto ao *simples transporte*, dispõe o art. 14.º que o prestador intermediário de serviços que prossiga apenas a actividade de transmissão de informações em rede, ou de facultar o acesso a uma rede de comunicações, sem estar na origem da transmissão nem ter intervenção no conteúdo das mensagens transmitidas nem na selecção destas ou dos destinatários, é isento de toda a responsabilidade pelas informações transmitidas, ainda que o prestador realize a armazenagem meramente tecnológica das informações no decurso do processo de transmissão, exclusivamente para as finalidades de transmissão e durante o tempo necessário para esta.

Quanto à *armazenagem temporária*, dispõe o art. 15.º que o prestador intermediário de serviços de transmissão de comunicações em rede que não tenha intervenção no conteúdo das mensagens transmitidas nem na selecção destas ou dos destinatários e respeite as condições de acesso à informação é isento de toda a responsabilidade pela armazenagem temporária e automática, exclusivamente para tornar mais eficaz e económica a transmissão posterior a nova solicitação de destinatários do serviço. Todavia, nos termos do n. 2 e 3, o prestador fica sujeito ao regime comum de responsabilidade se não proceder segundo as regras usuais do sector relativas à actualização da informação e ao uso da tecnologia (por ex., aproveitando-a para obter dados sobre a utilização da informação), bem como se chegar ao seu conhecimento que a informação foi retirada da fonte originária ou o acesso tornado impossível ou ainda que um tribunal ou entidade administrativa com competência sobre o prestador que está na origem da informação ordenou essa remoção ou impossibilidade de acesso com exequibilidade imediata e o prestador não a retirar ou impossibilitar imediatamente o acesso.

Relativamente à chamada *armazenagem principal*, prevê o art. 16.º que o prestador intermediário do serviço de armazenagem em servidor só é responsável, nos termos comuns, pela informação que armazena se tiver conhecimento de actividade ou informação cuja ilicitude for manifesta e não retirar ou impossibilitar logo o acesso a essa informação. Todavia, há responsabilidade civil sempre que, perante as circunstâncias que conhece, o prestador do serviço tenha ou deva ter consciência do carácter ilícito da informação, além de que se aplicam as regras comuns de responsabilidade sempre que o destinatário do serviço actuar subordinado ao prestador ou for por ele controlado (*vide* Código Civil, art. 500.º).

Em dois aspectos deixados em aberto pela directiva, o legislador nacional avançou com a assimilação dos prestadores intermediários de serviços de associação de conteúdos (como os instrumentos de busca e as hiperconexões) aos prestadores de serviços de armazenagem principal, e, certamente inspirado na solução da DMCA estadunidense, introduziu, por razões de celeridade, um esquema administrativo de resolução provisória de litígios – sem prejuízo da solução definitiva do litígio por via judicial – que surjam quanto à licitude de conteúdos disponíveis em rede que confiou à entidade de supervisão respectiva.

Assim, quanto à responsabilidade dos prestadores intermediários de serviços de associação de conteúdos dispõe o art. 17.º que os prestadores intermediários de serviços de associação de conteúdos em rede, por meio de instrumentos de busca, hiperconexões ou processos análogos que permitam o acesso a conteúdos ilícitos estão sujeitos a regime de responsabilidade correspondente ao estabelecido no art. 16.º para a armazenagem principal. O art. 19.º acrescenta, todavia, na relação desta actividade com o direito à informação, que a associação de conteúdos não é considerada irregular unicamente por haver conteúdos ilícitos no sítio de destino, ainda que o prestador tenha consciência do facto, entendendo-se que a remissão é lícita se for realizada com objectividade e distanciamento, representando o exercício do direito à informação, sendo, pelo contrário, ilícita se representar uma maneira de tomar como próprio o conteúdo ilícito para que se remete. A avaliação da licitude ou ilicitude da remissão faz-se perante as circunstâncias do caso, sendo fornecido um elenco ilustrativo de topoi, como sejam a confusão eventual dos conteúdos do sítio de origem com os de destino, o carácter automatizado ou intencional da remissão, e a área do sítio de destino para onde a remissão é efectuada. A ilicitude poderá consubstanciar, designadamente, um acto de concorrência desleal.

4.4. A liberdade electrónica acaba onde começa o delito informático, em especial a criminalidade informática ou cibercrime. Sendo que a afirmação de um princípio de liberdade de comunicação e de navegação na Internet é acompanhada, de modo aparentemente paradoxal, pelo princípio do reforço da protecção da propriedade intelectual.[42]

O reforço da protecção da propriedade intelectual no comércio electrónico traduz-se na proibição geral de utilização de materiais protegidos pelos direitos de autor, incluindo não apenas textos, imagens, músicas, filmes, mas também programas de computador e estruturas originais de bases de dados, bem como na criação de novos direitos de propriedade intelectual, como sejam o direito especial do fabricante de bases de dados e as protecções jurídicas dos sistemas técnicos de protecção e gestão de direitos de autor e conexos,[43] ou a protecção jurídica sim-

---

[42] E, também, da protecção dos dados pessoais (Lei n.º 67/98 de 26 de Outubro, que transpõe para a ordem jurídica portuguesa a Directiva n.º 95/46/CE, do Parlamento Europeu e do Conselho, de 24 de Outubro de 1995, relativa à protecção das pessoas singulares no que diz respeito ao tratamento dos dados pessoais e à livre circulação desses dados).

[43] Veja-se a legislação produzida no domínio dos direitos de autor para adaptar este instituto aos desafios tecnológicos da informática e das redes

plesmente dos serviços de acesso condicional enquanto tais.[44] Além disso, este princípio traduz-se em restrições à utilização de marcas (e outros sinais distintivos) como meta-dados, nomeadamente quanto se trate de utilizações publicitárias, além de que a protecção das marcas (e de outros sinais distintivos) "coloniza" gradualmente o regime dos nomes de domínio, que a contempla.

5. O princípio da informalização dos meios de resolução de litígios (ADR)

O princípio da informalização dos meios de resolução de litígios traduz-se num apelo significativo à arbitragem e na promoção dos meios alternativos de resolução de conflitos (ADRs, que também poderíamos traduzir por "administrative dispute resolution"...), incluindo a arbitragem por vias electrónicas. Este

---

electrónicas: Lei n.º 50/2004, de 24 de Agosto, que transpõe para a ordem jurídica nacional a Directiva n.º 2001/29/CE, do Parlamento Europeu e do Conselho, de 22 de Maio, relativa à harmonização de certos aspectos do direito de autor e dos direitos conexos na sociedade de informação (quinta alteração ao Código do Direito de Autor e dos Direitos Conexos e primeira alteração à Lei n.º 62/98, de 1 de Setembro); Decreto-Lei n.º 122/2000, de 4 de Julho (transpõe para a ordem jurídica interna a Directiva n.º 96/9/CE, do Parlamento Europeu e do Conselho, de 11 de Março, relativa à protecção jurídica das bases de dados); Decreto-Lei n.º 252/94, de 20 de Outubro (transpõe para a ordem jurídica interna a Directiva n.º 91/250/CEE, do Conselho, de 14 de Maio, relativa ao regime de protecção jurídica dos programas de computador – alterado pelo Decreto-Lei n.º 334/97 de 27 de Novembro).

[44] Decreto-Lei n.º 287/2001 de 8 de Novembro (estabelece o regime aplicável à oferta de acesso condicional aos serviços de televisão, de radiodifusão e da sociedade de informação, à respectiva protecção jurídica, bem como aos equipamentos de utilizador que lhe estão associados, e transpõe a Directiva 98/84/CE do Parlamento Europeu e do Conselho, relativa à protecção jurídica dos serviços de acesso condicional).

processo de desjudicialização é acompanhado, ao mesmo tempo, pela emergência de autoridades administrativas, ditas mais expeditas e capazes de lidar com as novas realidades. Por outras palavras, o juíz é tendencialmente substituído pelo árbitro e, talvez, sobretudo, pelo agente da autoridade administrativa.

Ora, justamente quanto ao funcionamento de mecanismos de resolução extrajudicial de litígios, inclusive através dos meios electrónicos adequados, contemplados na directiva, o legislador nacional permite o recurso a meios de solução extrajudicial de litígios, incluindo por via electrónica, para os conflitos surgidos neste domínio.

5.1. Uma primeira modalidade destes mecanismos é o esquema de *solução provisória de litígios* previsto no art. 18.º, que se aplica à armazenagem principal e à associação de conteúdos (à semelhança dos procedimentos *notice and take down* criados pela norte-americana DMCA). Nestes casos, o prestador intermediário de serviços, se a ilicitude não for manifesta, não é obrigado a remover o conteúdo contestado ou a impossibilitar o acesso à informação só pelo facto de um interessado arguir uma violação. Todavia, qualquer interessado pode recorrer à entidade de supervisão respectiva, que deve dar uma solução provisória em quarenta e oito horas e logo a comunica electronicamente aos intervenientes. De igual modo, quem tiver interesse jurídico na manutenção daquele conteúdo em linha pode nos mesmos termos recorrer à entidade de supervisão contra uma decisão do prestador de remover ou impossibilitar o acesso a esse conteúdo, para obter a solução provisória do litígio mediante um procedimento que será especialmente regulado.

Contudo, a amplitude dos poderes da entidade de supervisão contrasta com as suas responsabilidades. Assim, por um lado, a entidade de supervisão pode a qualquer tempo alterar a composição provisória do litígio estabelecida (nº 5), embora, por outro lado, qualquer que venha a ser a decisão, nenhuma responsabilidade recai sobre a entidade de supervisão.[45] Trata--se, todavia, de uma solução meramente provisória e de natureza alternativa, porventura justificada pela necessidade de adopção de medidas céleres capazes de responder à exigências do tempo real da Internet, já que a solução definitiva do litígio é realizada nos termos e pelas vias comuns (nº 7) e o recurso a estes meios não prejudica a utilização pelos interessados, mesmo simultânea, dos meios judiciais comuns (nº 8). Todavia, não deixa de ser uma medida problemática, pois que se uma ilicitude cometida pela internet pode causar elevados danos em pouco tempo, também a decisão da entidade de supervisão pode produzir os mesmos efeitos danosos.

Isto significa, por outro lado, que se confirma a tendência para a tradução dos ADR, em termos de métodos alternativos, por *Administrative Dispute Resolution*. Com efeito, é instituída uma entidade de supervisão, o IPC-ANACOM, com competências residuais no domínio da instrução dos processos contra-ordenacionais previstos e da aplicação das respectivas coimas, cujo montante "é fixado entre molduras muito amplas, de modo a serem dissuasoras, mas, simultaneamente, se adequarem à grande variedade de situações que se podem configurar." Em matéria de sanções acessórias que podem estar associadas às contra-ordenações, determina-se que as mais graves devem ser judicialmente confirmadas cabendo a iniciativa processual, oficiosamente, à entidade de supervisão. São também previstas providências provisórias ou cautelares, cuja competência de aplicação (incluindo instauração, modificação e levantamento) é atribuída à entidade de supervisão competente. Vejamos mais pormenorizadamente o regime das entidades de supervisão e o regime sancionatório estabelecido no capítulo VI.

---

[45] Acrescenta o legislador, em estilo pouco comum em actos normativos, que "tão-pouco recai sobre o prestador intermediário de serviços por ter ou não retirado o conteúdo ou impossibilitado o acesso a mera solicitação, quando não for manifesto se há ou não ilicitude".

5.2. Para começar, nos termos do art. 35.º, é instituída uma entidade de supervisão central com atribuições em todos os domínios regulados pelo diploma do comércio electrónico, salvo nas matérias em que lei especial atribua competência sectorial a outra entidade. As funções da entidade de supervisão central serão exercidas pela ICP – Autoridade Nacional de Comunicações (ICP-ANACOM).

Além da entidade de supervisão central, são previstas as entidades de supervisão (simples), que funcionam como organismos de referência para os contactos que se estabeleçam no seu domínio (por exemplo, o Instituto de Seguros de Portugal para a actividade seguradora na Internet), fornecendo, quando requeridas, informações aos destinatários, aos prestadores de serviços e ao público em geral (art. 36.º, 1). Para além das atribuições gerais já assinaladas e das que lhes forem especificamente atribuídas, cabem a estas entidades poderes de fiscalização e de instrução de processos contra-ordenacionais. Nomeadamente, cabe a estas entidades adoptar as providências restritivas previstas nos artigos 7.º e 8.º, instaurar e instruir processos contra ordenacionais e, bem assim, aplicar as sanções previstas[46], e ainda determinar a suspensão da actividade dos prestadores de serviços em face de graves irregularidades e por razões de urgência.[47]

---

[46] Por exemplo, constitui contra-ordenação sancionável com coima de €2500 a €50000 a prática pelos prestadores de serviços de não disponibilização de informação aos destinatários à qual estão obrigados nos termos do diploma, ou a não prestação de informações solicitadas pela entidade de supervisão (art. 37.º, 1-a/f). A estas contra-ordenações pode ser aplicada a sanção acessória de perda a favor do Estado dos bens usados para a prática das infracções (art. 38.º, 1).

[47] Nos termos do art. 39.º, a entidade de supervisão competente pode determinar como medidas provisórias e na medida em 'que se revelem imediatamente necessárias', a suspensão da actividade e o encerramento do estabelecimento que é suporte daqueles serviços da sociedade da informação, e a apreensão de bens que sejam veículo da prática da infracção; sendo que estas medidas, pela sua natureza provisória, podem ser determinadas,

Surge depois uma disposição interessante, nos termos da qual a entidade de supervisão central tem competência em todas as matérias que a lei atribua a um órgão administrativo sem mais especificação e nas que lhe forem particularmente cometidas (art. 36.º, 3). Assim, quando a lei atribuir a competência a um órgão administrativo, que todavia não é especificado, cabe essa competência à entidade de supervisão central. Trata-se de um complemento ao disposto no art. 35.º, 1, no sentido de preencher um eventual vazio de autoridade competente no caso de a lei remeter para um órgão administrativo não especificado, levantando-se a questão da determinação do órgão competente. Questão que é resolvida pela lei, atribuindo essa competência à entidade de supervisão central, a saber: a ANACOM (Autoridade Nacional das Comunicações).

Em matéria de competências específicas da entidade de supervisão central, refiram-se nomeadamente a publicitação em rede dos códigos de conduta[48] mais significativos de que tenha conhecimento e a promoção das comunicações à Comissão Europeia e ao Estado membro de origem relativamente à adopção de medidas restritivas.

---

modificadas ou levantadas em qualquer momento pela própria entidade de supervisão, por sua iniciativa ou a requerimento dos interessados e a sua legalidade pode ser impugnada em juízo.

[48] A criação destes códigos será promovida pelas entidades de supervisão, incentivando-se a participação das associações e organismos de protecção dos consumidores quando tal estiver em causa, tendo as entidades de supervisão e o Ministério Público legitimidade para impugnar em juízo os códigos de conduta aprovados em domínio abrangido pelo diploma do comércio electrónico que extravasem das finalidades da entidade que os emitiu ou tenham conteúdo contrário a princípios gerais ou regras vigentes (arts. 42.º e 43.º).

PROJECT FINANCE

(PRIMEIRAS NOTAS)

GABRIELA FIGUEIREDO DIAS
Assistente da Faculdade de Direito
da Universidade de Coimbra

I
INTRODUÇÃO*

1. *Project Finance*: um modelo de financiamento de projectos

O *Project Finance* constitui uma modalidade de engenharia ou colaboração financeira, contratualmente sustentada e garantida pelo fluxo de caixa gerado pelo projecto empresarial financiado.

Trata-se, fundamentalmente, de uma técnica de captação de recursos financeiros destinados ao suporte e desenvolvimento de um projecto economicamente autonomizável, cujos activos pertencem a uma empresa criada com o propósito específico de implementar o projecto[1]. Baseia-se numa estrutura financeira do tipo *"non-recourse"*[2] ou *"limited recourse"*, sendo as obriga-

---

* O presente texto corresponde a um conjunto de notas elaboradas com o intuito de fornecer aos Auditores do Curso de Pós-Graduação em Direito das Empresas do Instituto de Direito das Empresas e do Trabalho (FDUC) alguns elementos de apoio sobre o tema do *Project Finance*, abordado na disciplina de Direito das Sociedades.

Aproveitamos para agradecer ao Banco Português de Investimento (BPI) e em particular ao Dr. Filipe Macedo Cartaxo a inestimável ajuda na abordagem e compreensão deste tema.

[1] A chamada *Special Purpose Vehicle* (SPV).

[2] As operações de *Project Finance* do tipo *non recourse* (ou *without recourse*) são extremamente raras e obrigam sempre a uma elevada participação dos promotores no capital da SPV, ao contrário do que sucede nas operações montadas numa base de *limited recourse*, em que a sua participação no capital é muito pouco expressiva.

ções e compromissos financeiros resultantes da implementação do projecto basicamente assegurados pelas receitas por ele geradas e destina-se normalmente ao financiamento de infraestruturas de longa duração, projectos industriais e serviços públicos.

Uma operação de *Project Finance* pressupõe uma estrutura jurídica muitíssimo complexa, envolvendo uma vasta gama de negociações, acordos e contratos[3], da qual resulta uma partilha de riscos e de garantias expressa em diversos instrumentos jurídicos. A operação em causa permite que partes envolvidas num empreendimento desta natureza assumam diferentes responsabilidades e diversas combinações de risco e retorno – e isto, através da concertação de diversos tipos de soluções financeiras, fiscais, jurídico-societárias, de titularização, etc. Trata-se, pois, de um modelo organizativo complexo e de natureza híbrida, com o qual se pretende alcançar um inovador sistema de gestão e de alocação do risco do projecto, o qual aparece difuso e articulado e se manifesta sob multiformes e variadas faces: risco econó-mico, jurídico, societário, comercial, tecnológico, financeiro, fiscal, etc.

O *Project Finance* é, por um lado, utilizado pelo sector privado como meio de custear projectos de grande complexidade (tecnológica, financeira e empresarial), sem repercussão dos respectivos custos no balanço das empresas promotoras//empreendedoras (*off balance sheet*). Por outro lado, os poderes públicos vêm recorrendo ao *Project Finance* no âmbito da concessão de serviços e equipamentos públicos à iniciativa privada e da captação dos capitais privados, podendo identificar-se aqui uma sub-modalidade do *Project Finance* – a *Private Finance Iniciative (PFI)* – largamente difundida e utilizada no Reino Unido e de certa forma "importada" entre nós sob a forma e o epíteto de *Parcerias Público-Privadas*.

---

[3] O período de negociação e montagem de uma operação de *Project Finance* é, em média, de 2 anos.

Em qualquer um dos modelos referidos – puramente privado ou de entrega à iniciativa privada, por parte dos poderes públicos, da implementação e gestão de equipamentos e serviços públicos – os promotores e/ou a sociedade ou consórcio concorrente e concessionário constituem, habitualmente, um *veículo de propósito especial* (vulgarmente designado por SPV - *Special Purpose Vehicle*)[4], o qual celebra depois com os bancos, seguradoras e empresas construtoras todos os contratos necessários à montagem da operação e à implementação/exploração do projecto.

A ideia de inovação financeira constitui, juntamente com a inovação tecnológica e a internacionalização, vértice fundamental do *Project Finance*. Todavia, o *Project Finance* não constitui uma técnica verdadeiramente nova nos expedientes financeiros que utiliza: o que se revela inovador é a utilização articulada de diversos instrumentos financeiros consagrados, a combinação de diversos tipos de soluções financeiras, contratuais, fiscais, jurídico-societárias, garantísticas e outras, figuras essas já conhecidas e experimentadas individualmente mas que são utilizadas, no *Project Finance*, de forma concertada, originando um conjunto de soluções dirigidas à obtenção de um financiamento de um projecto (empreendimento) cuja principal garantia (embora não exclusiva) assenta no fluxo de caixa por ele gerado.

O carácter inovador do *Project Finance* reside, precisamente, nas particulares garantias oferecidas aos financiadores do projecto e na possibilidade conferida aos sujeitos envolvidos na operação de assumirem diferentes combinações de risco, de responsabilidade e de retorno – bem como no facto de se tratar, aqui, do financiamento *de um projecto*, quando tradicionalmente se financia *uma sociedade* (*corporate finance*).

---

[4] Embora haja casos especiais em que não se exige a constituição de um veículo específico para o projecto, sendo este suportado e desenvolvido por um promotor por si mesmo, participando os restantes eventuais promotores no projecto com outro tipo de participações. Contudo, sempre que existe mais do que um promotor é praticamente inevitável a escolha e constituição de um veículo de propósito específico.

2. Evolução e sentido do *Project Finance*: breve história e razão

Historicamente, o *Project Finance* surge em meados do Séc. XX, nos EUA, como técnica de financiamento de grandes projectos tecnológicos, tendo sido rapidamente aproveitado por outros países – sobretudo, países em vias de desenvolvimento – como forma de solucionar graves problemas de financiamento e de eficácia empresarial ao nível da implementação de infraestruturas básicas e da prestação de serviços públicos[5].

Em Portugal, por sua vez, o *Project Finance* deu os seus primeiros passos de um modo estreitamente ligado a experiências de concessão aos privados, por parte do Estado, de bens e serviços públicos[6].

O *Project Finance,* na sua concepção "pura", surge, pois, como estratégia tipicamente referida ao financiamento de projectos infraestruturais de longo prazo, projectos industriais e serviços públicos, em que os capitais próprios e alheios utilizados no financiamento do projecto são reembolsados e remunerados através do *cash flow* gerado pelo próprio projecto.

As empresas do sector privado têm vindo a consolidar a utilização do *Project Finance* como um mecanismo de financia-

---

[5] Por exemplo, no Brasil – como, de resto, em vários países sul-americanos – o *Project Finance* tem sido largamente utilizado em domínios como a produção e distribuição de energia e as telecomunicações.

[6] No caso "Lusoponte" – concessão da Ponte Vasco da Gama e da Ponte 25 de Abril, bem como da exploração de todas as travessias rodoviárias sobre o Tejo a jusante de Vila Franca de Xira; concessão de auto--estradas, em sistema SCUT (cf, a título de exemplo, o DL nº 267/97, de 2 de Outubro) ou com portagens reais (DL nº 9/97, de 10 de Janeiro); hospitais. Os casos de alguns dos estádios recentemente construídos (Antas, Luz, Alvalade) são, todavia, exemplos de operações de financiamento de projectos essencialmente privados, sem qualquer contrato de concessão na génese da operação.

mento de projectos de grande envergadura sem repercussão contabilística do projecto (e do seu sucesso ou insucesso) no balanço da sociedade promotora. Deste modo, permite-se às diversas empresas envolvidas no projecto manter um baixo nível de endividamento contabilístico, ao mesmo tempo que procedem a grandes investimentos, já que as obrigações assumidas em *Project Finance* não são assumidas como dívidas da sociedade, e sim como obrigações próprias da SPV.

O *Project Finance* constitui, assim, um modelo de engenharia financeira estruturada para segregar o risco desse projecto em relação aos seus promotores e reparti-lo pelos vários interessados, mas também para permitir preservar a capacidade de endividamento destes últimos, realizar economias de escala, viabilizar a concretização de projectos excessivamente ambiciosos para um só promotor e evitar, até certo ponto, a prestação de garantias reais, já que todo o projecto assenta numa garantia básica – a do fluxo de caixa autogerado.

No centro de todas as operações encontra-se a SPV (*Special Purpose Vehicle*), uma sociedade constituída por um certo número de empresas do sector privado – normalmente, as empresas promotoras e as sociedades financiadoras, bem como as agências de investimento e agências multilaterais e bilaterais – que se associam e organizam para permitir a realização do projecto. Os membros da SPV irão, cada um deles, desempenhar um específico papel na realização desse projecto, em determinado estádio da sua construção ou exploração.

Do ponto de vista da sua natureza jurídica trata-se de uma figura de colocação transversal, que atravessa o direito societário, o direito administrativo (em particular, a disciplina das empreitadas), o variado mundo dos contratos e das garantias ou dos seus sucedâneos, dos seguros e do direito bancário e financeiro.

3. A *Private Finance Iniciative* (PFI)

A *Private Finance Iniciative*, enquanto variante do *Project Finance* e como opção político-financeira, foi lançada pelo governo britânico de Margareth Tatcher em 1992. Só a partir de 1997, contudo, é que a combinação de um satisfatório enquadramento jurídico da matéria[7] com a acumulação de experiências por parte dos sectores público e privado permitiu um efectivo e pujante florescimento do fenómeno[8], tendo dado um inestimável contributo para o estudo e a experiência em matéria de *Project Finance*.

A *Private Finance Iniciative* traduz um novo modelo político-económico de concessão do desenvolvimento de serviços e infraestruturas públicas à iniciativa privada, que se apresenta como uma variante ou modalidade do *Project Finance*[9]. Através deste processo, o Estado capta e incentiva a utilização de capitais privados para a implementação de projectos e fornecimento de serviços tradicionalmente inseridos no sector público. A *PFI* institucionaliza uma particular fórmula de concessão ao sector privado de serviços e equipamentos públicos, pelo Estado ou pelas autarquias, em que o sector privado se torna responsável pela concepção, construção, financiamento e exploração de uma infraestrutura ou de um serviço, por um período de tempo espe-

---

[7] Conseguida sobretudo a partir do aperfeiçoamento do processo das PFI levado a cabo por Sir Malcom Bates, nomeado por Tony Blair para o efeito, e que resultou nas famosas "Bates Recomendations", que mais tarde integraram o documento "Standardisation of PFI contracts".

[8] O valor global dos contratos de PFI no Reino Unido até 2003 foi de cerca de 35.000 milhões de euros, estando previstas, no âmbito dos fundos comunitários do QCA III, dotações orçamentais de 1250 milhões de euros por ano, até 2006, para incentivos a contratos de PFI.

[9] Ou, de outra maneira, é um modelo ou objectivo económico adoptado pelo poder público que se concretiza lançando mão das estruturas definidas em *Project Finance*.

cífico e limitado, após o qual o empreendimento é transferido (ou não, consoante a modalidade) para o sector público. O sector público pode adquirir então o serviço ou a infraestrutura aos privados pagando-lhes um determinado preço baseado em específicos critérios. O concessionário privado utiliza essa quantia para reembolsar os financiamentos a que recorreu para a construção e a manutenção/operação do projecto.

Historicamente, a *Private Finance Iniciative* surge nos EUA nos anos 70 e ganha corpo no Reino Unido, no início da década de 90 como modelo alternativo de *procurement*[10] – conceito que abrange o processo global de aquisição a terceiros, por parte do Estado ou outras entidades da administração pública, de bens e/ou serviços, ou o processo global de concepção, projecto, planeamento, construção, produção e/ou distribuição desses bens e serviços.

O modelo tradicional de *procurement* assenta na aquisição aos privados dos bens e serviços, por parte do Estado e outras entidades públicas, segundo especificações prévias, de acordo com cadernos de encargos muitíssimo específicos, e cabendo a decisão de aquisição a muitos agentes dispersos, frequentemente desarticulados entre si. Neste modelo, a própria administração responde pelos custos, pela eficiência e pelo impacto de todo o projecto na satisfação das necessidades públicas.

Em 1992 o Governo do Reino Unido, alertado para as perdas e para as ineficiências que este modelo de *procurement* vinha evidenciando[11], ousou lançar medidas conducentes à adopção de um novo modelo. Considerando a tendência hoje manifestada pelos governos no sentido da angariação de capitais privados para a implementação de projectos de criação de infraestruturas e para a prestação de serviços tipicamente inte-

---

[10] Alternativo em relação ao modelo tradicional de *procurement*.

[11] E, diga-se, nos quadros de um programa de "emagrecimento" da Administração Pública.

grados no sector público da economia, lançou a *Private Finance Iniciative* (PFI) – simultaneamente um novo modelo político-económico e uma nova moldura jurídica para as concessões públicas no Reino Unido.

O seu objectivo fundamental foi o de incentivar o investimento do capital privado em projectos públicos, tal como se propunha nas Teorias Monetaristas anteriormente postas em prática pelos governos conservadores através de diversas iniciativas, todas elas dirigidas ao encorajamento do financiamento privado de projectos públicos. Não obstante, a complexidade dessas anteriores tentativas levaram sempre ao seu insucesso, tendo a PFI sido instituída como alternativa a essas iniciativas falhadas.

Basicamente, a PFI pode ser entendida como um modelo (hoje obrigatório, no Reino Unido, em relação a projectos que ultrapassem um determinado valor) de concessão aos privados de serviços e infraestruturas públicas, por parte do governo e da administração pública local, assumindo os privados a responsabilidade pela concepção/design, construção, financiamento e exploração/gestão de uma infraestrutura ou de um serviço[12]. A tendência, neste domínio, vai no sentido da entrega total do projecto aos privados, desde a sua concepção até à sua exploração, sob uma estreita vigilância desenvolvida pelo poder público e sendo normalmente estabelecidas severas penalidades e consequências para as situações de incumprimento ou cumprimento defeituoso dos objectivos estabelecidos. Pode dizer-se então que a PFI é também uma variante do modelo económico PPP (*Public Private Partnership* – entre nós, Parcerias Público-Privadas[13]).

---

[12] No Reino Unido, e no momento actual, a experiência mais significativa no âmbito da PFI resulta da utilização deste instrumento jurídico-económico na concessão aos privados da concepção/construção/gestão de escolas, hospitais e estabelecimentos prisionais.

[13] As PPP são definidas no DL n.º 86/2003, de 26-04, como "contrato ou união de contratos por via dos quais entidades privadas (…) se obrigam, de forma duradoura (…) a assegurar o desenvolvimento de uma actividade

A PFI difere do *Project Finance*, no seu sentido "puro", pelo facto de, naquela, o principal adquirente dos bens/serviços produzidos ser sempre o Estado ou qualquer entidade pública, *colocando-se o projecto na total dependência do sector público quanto aos meios de reembolso dos capitais alheios (privados) utilizados para financiar a construção ou a modernização do projecto.*

Mas a PFI difere também dos métodos tradicionais de concessão aos privados de projectos públicos quanto aos seus procedimentos: de acordo com o esquema tradicional, é o próprio Estado a conceber e a financiar a construção do empreendimento (por ex, um hospital), contratando para a sua construção um concorrente privado, escolhido numa base de competitividade e utilizando normalmente como critério fundamental de escolha o do preço mais baixo. O concorrente construirá então o empreendimento de acordo com as especificações do caderno de encargos e, uma vez pronto, entrega-o à entidade (pública) concedente, a qual assumirá, a partir de então, a responsabilidade pela manutenção, exploração e gestão do projecto.

Baseados neste método de concessão, os projectos são[14], muitas das vezes, entregues fora do prazo, apresentam-se defeituosos ou inexequíveis, exigindo correcções[15], e envolvendo custos muito superiores àqueles previamente orçamentados[16], resultando em graves disputas jurídicas e custos adicionais muito consideráveis.

Se o mesmo projecto (v.g., hospital) for concessionado numa base de PFI, as autoridades públicas limitam-se a divulgar

---

tendente à satisfação de uma necessidade colectiva, e em que o financiamento e a responsabilidade pelo investimento e pela exploração incumbem, no todo ou em parte, ao parceiro privado".

[14] Ou eram, no caso do Reino Unido, já que a PFI, tornada obrigatória, permitiu afastar estes inconvenientes.

[15] Basta pensar, entre nós, no caso "Ponte Europa".

[16] *"Over budget and behind schedule".*

o OBC (*Outline Business Case*) e a fazer publicar um anúncio no JOCE dirigido aos potenciais interessados no concurso, os quais deverão manifestar esse interesse na forma adequada, seguindo-se um processo de selecção do qual resultará a designação do concorrente vencedor. Este controlará totalmente a concepção, construção e operação do projecto. Se este for concluído depois do prazo previsto o concessionário será penalizado, e se os custos excederem o orçamento será ele, e não o concedente público, a suportar esses custos adicionais.

Daqui resulta que, além de outras claras vantagens[17], a PFI incentiva os concessionários a concluir os projectos dentro dos prazos definidos e sem derrapagens no orçamento previsto, o que, do ponto de vista da entidade concedente, se traduz num indiscutível benefício para as finanças públicas e para o bem-estar social.

Este modelo operativo surge, pois, frequentemente como o único capaz de coenvolver eficazmente o capital privado (financeiro e empresarial) na realização de projectos dirigidos à consecução de objectivos e ao desempenho de funções tipicamente públicas e destinadas, portanto, a gerar benefícios para toda a colectividade.

Por outro lado, o facto de a concepção, construção e exploração do projecto confluírem numa só entidade permite a captação e o aproveitamento de sinergias durante todo o ciclo vital do projecto; diferentemente, num modelo tradicional de financiamento, os diversos componentes do projecto e respectivo financiamento são tratados separadamente, o que não permite o aproveitamento de tais sinergias.

---

[17] Entre as quais se tem destacado a eficiência e rigor da iniciativa empresarial privada face à fraca *performance* habitual da actividade empresarial pública, bem como a possibilidade de aproveitamento das inovações e perícias alcançadas e detidas pelo sector privado, o efeito propulsor da criação de emprego, sobretudo em zonas geográficas que, em condições normais, jamais atrairiam o investimento privado, etc.

A PFI pode proporcionar, então, benefícios vários: a diminuição dos custos e prazos de conclusão dos projectos; a transferência para o sector privado de uma parte substancial dos riscos do projecto e da sua exploração; a importação, para o sector público, do *know-how* tecnológico e operativo próprios do sector privado; a redução do peso da função pública sem gerar desemprego; a desorçamentação de certas despesas com a satisfação de necessidades públicas; a melhoria, em suma, do *Value for Money*[18] na satisfação dessas necessidades.

4. A análise do risco de crédito em *Project Finance*: financiamento de empresas e financiamento de projectos

4.1. A análise financeira tradicional *(corporate finance)*: os riscos da empresa financiada

Incidindo sobre o perfil de risco do sujeito financiado e sobre as garantias (típicas) por ele oferecidas, a análise de risco do financiamento tradicional (*corporate finance*) avalia a capacidade de pagamento da empresa financiada: os financiadores, não podendo assegurar que os recursos solicitados sejam efectivamente aplicados no objecto ou empreendimento previstos, apenas podem fazer assentar a decisão de concessão do crédito nas características (económicas, financeiras, de desempenho, etc.) do sujeito financiado, e não no projecto que com esse financiamento ele se propõe desenvolver.

Por outro lado, a situação financeira da empresa financiada, tal como é avaliada originalmente, pode facilmente modificar-se após a concessão do financiamento, alterando radicalmente as expectativas e as garantias do financiador.

---

[18] O *Value for Money* exprime a relação custo-benefício do projecto, ou seja, o benefício que se espera obter pela afectação de determinados recursos financeiros.

Além do mais, nesta modalidade clássica de financiamento, o projecto a ser financiado – se o houver – é apresentado aos potenciais financiadores de um modo já estruturado, sem que os financiadores possam intervir na sua montagem e desenvolvimento. Assim, os instrumentos de selecção e avaliação *das empresas* candidatas ao crédito bancário residem na avaliação do equilíbrio económico-financeiro *da empresa* e das repercussões que o novo investimento e os novos financiamentos terão sobre esse mesmo equilíbrio. Basicamente, a análise do risco de crédito tradicional assenta na capacidade do potencial tomador do empréstimo – evidenciada nas suas demonstrações financeiras e nas garantias[19] oferecidas – de o reembolsar.

4.2. Análise financeira em *Project Finance*: o risco do projecto

A ênfase da análise financeira recai aqui sobre o projecto em si mesmo, possuindo agora os financiadores um poder de negociação e intervenção na própria montagem do projecto muito maior do que aquele que lhes assiste nos quadros do modelo clássico de financiamento. A atenuação, alocação e distribuição dos riscos, típica e decisiva em *Project Finance*, dependem, em cada projecto, das negociações estabelecidas entre os participantes na operação, sendo decisiva a posição dos financiadores seniores[20] nesta matéria.

Os instrumentos de selecção e avaliação dos projectos cujo financiamento é solicitado residem agora na avaliação do equilíbrio económico-financeiro *de um específico projecto empresarial ligado a um determinado investimento*, e só deste, considerado de forma isolada, nomeadamente face a quaisquer outros projectos a pôr em marcha pelo mesmo sujeito empresarial.

---

[19] Preferencialmente reais, assumindo aqui a hipoteca um papel decisivo.

[20] Os chamados *A loans*.

O principal objectivo da análise financeira em *Project Finance* consiste, assim, na previsão das variações do fluxo de caixa do projecto e na minimização dos riscos do mesmo através da constituição de obrigações ou garantias contratuais.

Por outro lado, as principais *garantias* prestadas numa operação de *Project Finance* são de *natureza contratual* e atípica, e não de natureza real.

II
CARACTERÍSTICAS DE UMA OPERAÇÃO DE *PROJECT FINANCE*

1. Os sujeitos envolvidos em operações de *Project Finance* e seus objectivos

1.1. Os entes públicos

Os entes públicos (Governo, autarquias, Segurança Social, etc.) intervêm muito frequentemente nas operações de *Project Finance* na qualidade de concedentes da montagem e exploração de um bem ou serviço público. A sua atitude perante o projecto é orientada de acordo com a sua percepção e sentido do *interesse* público, o qual condiciona decisivamente o quadro económico e de conveniências dos sujeitos envolvidos na operação.

A sua opção de participar numa operação de *Project Finance* prende-se normalmente com um conjunto de objectivos já referidos, entre os quais se podem destacar os da satisfação dos interesses e necessidades públicos através da realização rápida do projecto, a garantia de operacionalidade, o prescindir de grandes ou mesmo quaisquer investimentos públicos e compromissos na implementação de projectos infraestruturais, a transferência do risco do projecto do sector público para o sector privado, a possibilidade de o projecto vir a integrar domínio público após a integral satisfação do retorno do investimento privado[21], etc.

---

[21] Através de operações do tipo BOT (*build-operate-transfer*), em que se prevê a entrega do projecto, pelos privados, ao Estado uma vez atingido o momento da sua exploração ou após a satisfação dos compromissos assumidos perante os privados.

1.2. Os Promotores privados

Os promotores (patrocinadores, *sponsors*) dão vida ao projecto, fornecem o capital de risco e outros recursos necessários à sua concretização, promovem a realização da iniciativa e oferecem garantias à banca, quando, como sucede na maioria dos casos, a operação de *Project Finance* é do tipo *limited recourse*.

Os promotores são, normalmente, empresas de considerável dimensão, com experiência empresarial em sectores relacionados com o projecto e a sua motivação está, obviamente, relacionada com a obtenção de benefícios económicos (vg., através do retorno do investimento, do fornecimento de equipamento ou matéria primas à sociedade de projecto ou da compra de produtos resultantes do próprio projecto uma vez implementado).

Contudo, o lucro não constitui a única razão possível ou provável para o envolvimento de um promotor privado no projecto. Ao lado deste aparecem frequentemente outros objectivos prosseguidos pelos promotores privados, como a possibilidade de partilha dos riscos, concretização de objectivos empresariais estratégicos (por ex, diversificação da actividade empresarial) ou a realização de projectos ambiciosos *off balance sheet,* mantendo relativamente intocada a sua capacidade de endividamento e de investimento em outros projectos paralelos.

1.3. A Sociedade de projecto (SPV – *Special Purpose Vehicle*)

É, como já se disse, habitualmente (embora não obrigatoriamente) constituído um veículo de propósito especial para encabeçar a titularidade do projecto. Este pode surgir sob diversas formas jurídicas (sociedade comercial, consórcio, AEIE, ACE). O veículo centraliza e dele irradia toda a operação de *Project Finance*: é a SPV que celebra, em nome próprio, todos os (inúmeros) contratos que estruturam a operação (concessão, construção, financiamento, garantias, depósito, gestão de contas, pagamentos, etc.).

1.4. Financiadores

1.4.1. Bancos comerciais: Os bancos comerciais são os principais financiadores do projecto. Estes não podem, todavia, ser tratados como simples accionistas, não obstante os riscos e retornos que assumem no mesmo. Os bancos comerciais emprestam dinheiro contra uma margem (juro), pelo que as suas expectativas se limitam ao reembolso do financiamento acrescido dos juros. A ausência de participação nos lucros eventualmente gerados pelo projecto, conjugada com a habitual atitude de prudência das entidades reguladoras bancárias, tornam os bancos comerciais relativamente avessos ao risco: existe um limite de risco que os bancos comerciais estão preparados (ou mesmo autorizados) a assumir.

Nestas condições, a motivação dos bancos comerciais, enquanto financiadores do projecto, reside fundamentalmente nos benefícios económicos que para eles resultam da contratação de empréstimos com atractivas margens e comissões, assumindo apenas riscos calculados.

Note-se, contudo, que o facto de, numa operação deste tipo, os bancos comerciais manterem um apertado controlo sobre algumas decisões-chave relativas ao projecto é decisivo, já que lhes permite intervir activamente na sua montagem e exploração. Este é, contudo, um ponto de permanente conflito e fricção entre os bancos e os promotores no decurso das negociações. Um tal controlo é habitualmente exercido através da inclusão de cláusulas restritivas e condicionais no contrato de crédito/financiamento. Cláusulas essas que são habitualmente justificadas pelos bancos com o argumento de que estão preparados para emprestar dinheiro no pressuposto de um particular perfil de risco do projecto, a respeito do qual desenvolveram um intensivo exercício de *due diligence*; e, em particular, porque sendo eles os principais financiadores dos custos do projecto, têm de se achar posicionados para evitar que tal perfil possa ser alterado. Essa possibilidade pode mesmo ser convencionada em termos de um *step-in-right*, que significa a possibilidade de os financiadores assumirem o "governo" do projecto[22] em caso de derrapagem dos objectivos e dos riscos do mesmo.

Os bancos comerciais assumem ainda, no *Project Finance*, uma pluralidade de outras funções: actuam na montagem da operação e no desenvolvimento do projecto como consultores financeiros, organizadores e gestores dos financiamentos, prestadores de garantias, depositários, etc.

1.4.2. Agências de exportação de crédito e as agências multilaterais[23]: estas agências intervêm, na qualidade de financiadores, em operações de *Project Finance*, com objectivos bem distintos dos bancos comerciais. Visam, acima de tudo, a promoção do desenvolvimento regional, de indústrias e infraestruturas locais e não têm em vista – ao menos como prioridade – a obtenção de elevados retornos económicos. São verdadeiros "animais políticos", e participam em operações de *Project Finance* atribuindo crédito de longo prazo a taxas fixas às nações menos prósperas e desenvolvidas e protegendo os financiadores comerciais e os investidores contra certos riscos políticos (actos políticos violentos, expropriações, riscos de transferência) e comerciais.

---

[22] Quer através da tomada da titularidade das participações no capital da sociedade de projecto, quer pela assunção de posições de comando nos respectivos órgãos. Qualquer uma destas operações pode ser designada, na gíria negocial anglo-saxónica, pela expressão "to step into the shoes of the project company".

[23] As agências de exportação de crédito são tituladas por um governo, enquanto as agências multilaterais são detidas por vários governos. Entre estas últimas destaca-se a IFC (International Finance Corporation, pertencente ao Banco Mundial), o BEI (Banco Europeu de Investimento), o BERD (Banco Europeu para a Reconstrução e o Desenvolvimento) e o FEI (Fundo Europeu de Investimento).

1.4.3. Obrigacionistas: Os credores obrigacionistas partilham com os bancos comerciais os mesmos objectivos e as mesmas funções, mas posicionam-se em relação ao projecto de uma forma muito menos intervencionista, na medida em que só de forma indirecta ou remota podem, de algum modo, influenciar o desenvolvimento do projecto.

1.5. Outros sujeitos

1.5.1. Peritos independentes – sociedades de advogados, sociedades de engenharia, peritos de seguros que verificam, na fase de estruturação do projecto, todos os elementos a ele relativos.

1.5.2. *Trustee* ou depositário: instituição depositária (e habitualmente gestora) dos fluxos de caixa adstritos ao reembolso e remuneração dos financiamentos utilizados.

1.5.3. Seguradoras: têm um papel fundamental no *Project Finance*, já que lhes cabe fazer a cobertura de todos os riscos. Este é, contudo, um aspecto que será desenvolvido noutro momento.

2. A fase de pré-desenvolvimento da operação de *Project Finance*

2.1. Acordos preparatórios do projecto

A fase de pré-desenvolvimento do *Project Finance* corresponde ao período de avaliação, pelos promotores, da sua operacionalidade técnica e viabilidade financeira, e termina com o chamado *financial close* – o momento em que todos os contratos do projecto se acham definitivamente celebrados e todas as condições prévias ao acordo de financiamento do projecto se encontram satisfeitas.

Quando existe mais do que um promotor é habitual a celebração entre eles de um *acordo de pré-desenvolvimento do projecto*, cujo sentido é o de regular as relações entre os promotores mesmo nesta fase anterior ao início da implementação do projecto. Tal acordo incluirá normalmente compromissos de exclusividade dos promotores, que se obrigam reciprocamente a não se envolver em outros projectos ou consórcios concorrentes. Os promotores vinculam-se ainda, nesta fase, a levar a cabo um programa preparatório do projecto, que cobrirá aspectos técnicos, financeiros e contratuais do mesmo: estudos de viabilidade, prospecções de mercado, angariação de patrocinadores e financiadores, identificação de eventuais partes contratantes, desenvolvimento de programas informáticos, constituição do veículo de propósito especial, pedidos de licenças e autorizações, etc.

Este acordo de pré-desenvolvimento do projecto incluirá ainda, normalmente, regras sobre a distribuição e o suporte dos custos inerentes a esta fase, partilha de funções, cláusulas sobre o processo de decisão (voto, unanimidade, etc.), portas de saída e deveres de confidencialidade.

2.2. A escolha do veículo: o *Special Purpose Vehicle* (SPV - Sociedade de Projecto) e princípio do *ring fence*

A escolha da forma jurídica (sociedade, consórcio, ACE, AEIE) que o veículo de propósito especial há-de assumir tem de ser feita na fase de pré-desenvolvimento do projecto. Nessa escolha hão-de pesar os seguintes aspectos: os níveis de isolamento e segregação dos riscos e responsabilidades que os promotores pretendem garantir; a extensão da repercussão do endividamento do projecto no balanço dos promotores; a facilidade ou dificuldade em retirar lucros que cada uma dessas formas jurídicas proporciona; a eficiência fiscal de cada uma dessas formas jurídicas; a flexibilidade da estrutura de gestão; níveis de protecção das minorias; níveis requeridos de publicidade das contas e negócios do veículo; facilidade de dissolução.

Seja qual for, todavia, a forma jurídica escolhida, a iniciativa tem quase sempre[24] no seu coração a *Sociedade de Projecto (Special Purpose Vehicle – SPV)* especificamente constituída pelos seus promotores para a respectiva realização e gestão. Trata-se de uma sociedade (de responsabilidade ilimitada ou limitada, ou por acções) ou *joint-venture (incorporated* ou *unincorporated*: consórcio, ACE ou AEIE) que, pela própria natureza do escopo que prossegue, se destina a possuir uma duração limitada[25] – precisamente, a duração correspondente ao período de amortização e reembolso dos empréstimos contratados – e é administrada de acordo com limites e controles objectivos: não pode envolver-se em outros negócios ou empreendimentos alheios ao projecto subjacente à sua constituição, isto é, não pode afastar-se dos objectivos inicialmente delineados, sob pena de ameaçar ou subverter toda a análise de risco sobre a qual assenta a operação e a garantia dos financiadores. O capital social desta SPV não é relevante – ou pelo menos, não o é nos mesmos termos em que releva em *corporate finance*. No limite, a SPV pode até ter um capital meramente simbólico, desde que o capital próprio necessário ao projecto se encontre suficientemente estruturado por recursos de terceiros financiadores.

---

[24] Em teoria a SPV pode não existir, quando uma empresa promotora decide ser ela própria a centralizar a operação e o projecto. Esta não é, contudo, a situação típica.

[25] Pelo menos, está destinada a ter uma duração limitada com as características com as quais foi criada. Normalmente, e sobretudo nos casos de operações de *Project Finance* do tipo BOO ("*Build, Operate and Own*"), em que não há transferência do empreendimento para o Estado ou outro concedente depois de amortizados os financiamentos, o que sucede é que, decorrido esse prazo, os estatutos da sociedade são modificados, retirando-lhes as restrições que são típicas de uma SPV.

É, pois, imperativa a dissociação do risco inerente ao *Project Finance* daqueles riscos tradicionais associados aos seus patrocinadores. A constituição desta sociedade ou *veículo* permite a tão desejada separação económica e jurídica do investimento relativamente aos seus promotores, investidores e construtores e a consequente realização de um princípio fundamental em matéria de *Project Finance*: o *princípio do "ring fence"*.

Este *princípio do ring fence* interessa desde logo aos promotores da iniciativa, que assim salvaguardam qualquer impacto negativo do desenvolvimento do projecto no seu próprio balanço, limitando o seu risco (no projecto) ao capital por eles afectado àquela iniciativa. Este facto determina os próprios promotores a não abandonarem o projecto mesmo em situações difíceis, já que o seu património próprio se acha salvaguardado e que aquele financiamento não tem representatividade, a título de endividamento, no seu balanço. Em todo o caso, os financiadores *seniores* tem por costume exigir a participação dos promotores e construtores no capital da SPV, isto é, exigem-lhes o comprometimento de algum capital de risco; e isto, mesmo que em termos globais, ou do ponto de vista da real necessidade desse *apport* patrimonial, tal participação não se mostre relevante[26] ou sequer necessária. Em última análise, o que os financiadores pretendem obter com esta exigência é um envolvimento económico (pessoal) dos promotores no projecto que permita fazer supor que estes empregarão uma séria diligência na sua execução de forma a garantir o seu êxito e a sua rentabilidade.

Por outro lado – e funcionando, aqui, no sentido inverso – o princípio do *ring fence* permite isolar o fluxo de caixa do projecto em relação a quaisquer entradas e saídas ligadas a outros projectos e actividades dos promotores, fluxo de caixa esse que se mantém exclusivamente afectado ao reembolso dos créditos concedidos. Ora, sobretudo nos quadros de certas ordens

---

[26] Em termos médios a participação dos promotores no capital da SPV ronda os 15% a 20%.

jurídicas que não conhecem a figura do *step-in-right*[27], deve obrigatoriamente ser montada uma estrutura de garantias que consolidem a expectativa dos financiadores de que as receitas geradas pelo projecto sejam principal ou integralmente afectadas ao reembolso desses empréstimos.

Do ponto de vista jurídico-económico, este isolamento dos fluxos de caixa gerados pelo projecto na fase de exploração consegue-se, em primeiro lugar, à custa da constituição de uma nova pessoa jurídica – a SPV – que se assumirá como titular de todos os resultados (positivos ou negativos) apurados durante essa exploração, assim se evitando qualquer confusão ou promiscuidade entre as contas e os resultados dos accionistas/promotores e os resultados da SPV. Em simultâneo, e de forma a garantir a rigorosa afectação dos rendimentos gerados pelo projecto, uma vez concluído e em fase de exploração, ao reembolso dos financiamentos externos, é celebrado um contrato com uma instituição depositária (banco[28] ou *trustee*) que fica incumbida não só de receber em depósito o produto daqueles rendimentos, com também de efectuar todos os pagamentos contratualmente acordados aos financiadores e praticar todos os actos de gestão daqueles valores de acordo com os contratos celebrados.

O investimento é, assim, avaliado pela banca e pelos accionistas principalmente em função da sua *capacidade de gerar receitas*, já que os *fluxos de caixa* decorrentes da gestão da obra realizada constituem a *fonte primária de reembolso do crédito e de remuneração do capital de risco*.

---

[27] Cláusula que permite que o financiador, em caso de não recebimento das amortizações contratadas, se torne automaticamente accionista do empreendimento em questão e passe a integrar os seus órgãos de decisão.

[28] No qual é aberta uma conta do tipo *escrow account*, ou seja, uma conta que pressupõe também a custódia de títulos e documentos entregues pelas várias partes intervenientes naquele contrato e em que o banco recebe instruções específicas acerca da formas de aplicação dos valores que dão entrada na conta para liquidar um ou vários financiamentos.

2.3. A gestão empresarial do projecto e o plano económico-financeiro

O projecto obedece a um princípio de *project management* (gestão empresarial), constituindo a experiência e habilidade empresarial dos promotores da iniciativa um factor determinante de avaliação da solidez do projecto por parte da banca.

Por *gestão* entende-se, aqui, a capacidade dos promotores de organizarem todo o processo relativo à realização do projecto, desde o projecto executivo das tarefas à realização/construção da obra e à sucessiva gestão empresarial (a construção propriamente dita pode ser realizada por terceiros, através de contratos de empreitada ou semelhantes, residindo então a função de gestão na capacidade de administrar e gerir a aquisição desses serviços no mercado).

Uma operação de *Project Finance* não prescinde, por outro lado, da elaboração prévia de um rigoroso plano económico-financeiro, o qual deve evidenciar a capacidade da SPV de gerar receitas capazes de liquidar regularmente os créditos obtidos e de remunerar pontual e integralmente o capital de risco.

No que aos *custos* se refere, procura-se que estes sejam *certos* e o mais baixos possível, levando à instituição, por via contratual, de severas cláusulas de responsabilização dos construtores em caso de incumprimento dos prazos e orçamentos previstos e explicando a preferência manifestada, neste domínio, por tecnologias maduras e experimentadas.

Quanto às *receitas,* elas devem ser fundadas sobre bases estatísticas consolidadas na previsão da procura e sobre hipóteses prudenciais. Por outro lado, as receitas devem ser garantidas pela subscrição preliminar de contratos de cessão/fornecimento/ /venda a terceiros dos bens ou serviços produzidos, cuja execução deverá ter uma duração paralela à dos financiamentos, assim se conseguindo, por via contratual, garantir o escoamento da produção e obter uma rigidez relativa da procura.

Por todas estas razões, o *Project Finance* presta-se a ser aplicado sobretudo em sectores caracterizados pela estandardização dos produtos e pela vasta difusão dos mesmos, utilizando tecnologias maduras e consolidadas e apresentando uma procura rígida – pressupostos de uma base estatística significativa e fiável sobre a qual se pode construir um plano económico realístico e credível.

3. As fases de uma operação de *Project Finance*

3.1. *Identificação/concepção do projecto*: A primeira fase do projecto é aquela que corresponde à idealização e ao *design* do projecto, recomendando-se aqui a realização de testes de viabilidade, estudos e análises e a celebração de negociações e acordos com todas as partes futuramente envolvidas na operação.

3.2. *Implementação*: A implementação do projecto pressupõe a celebração de contratos de financiamento, de construção, monitorização e fiscalização da obra e, se for esse o caso, aceitação provisória da mesma.

3.3. *Gestão/exploração:* a última fase do projecto, que corresponde simultaneamente ao objectivo prosseguido pelo mesmo, é a da gestão operativa/exploração da obra depois de terminada e consequente encaminhamento e encaixe das receitas geradas, colocando essas receitas ao serviço do débito (reembolso e juros).

4. Tipologia das operações de *Project Finance*

DBFO (*Design, Build, Finance & Operate*).
BOT (*Build, Operate and Transfer*): prevê-se que a construção e o início da operação do projecto recaiam sobre a SPV,

sendo então transferido para a entidade pública adjudicante que a partir daí procederá à sua exploração e gestão por conta própria, reembolsando a SPV dos custos suportados com o projecto.

BOO (*Build, Operate and Own*): a SPV constrói (ou manda construir), inicia a exploração e continua a deter a gestão operacional do projecto em seu próprio benefício e proveito, sem transferência subsequente do projecto para o Estado.

III
ESTRUTURA CONTRATUAL DO *PROJECT FINANCE*

1. Estrutura contratual complexa: coligação de contratos

A estrutura contratual subjacente ao projecto é da maior importância e complexidade. É através dela que se alcança o decisivo escopo de distribuição do risco entre os vários intervenientes no projecto, assim se determinando o perfil de risco que irá ser apresentado aos potenciais financiadores. Assim, e para além de quaisquer contratos de pré-desenvolvimento do projecto ou de quaisquer outros contratos ou acordos parassociais entre os sócios da SPV, uma operação de *Project Finance* irá obrigatoriamente implicar a celebração de contratos de diversa natureza, tecendo uma complexa teia negocial que origina uma verdadeira *coligação de contratos* – uma série de contratos indispensáveis à montagem e à real eficiência da operação financeira, celebrados entre uma pluralidade de sujeitos, que, mantendo a sua individualidade jurídica, se acham ligados entre si por um certo nexo ou vínculo funcional ou substancial – o projecto – susceptível de influenciar a sua disciplina jurídica.

Essa relação de dependência criada entre os diversos contratos que estruturam uma operação financeira de *Project Finance* pode revestir diversas formas, funcionando alguns deles como *causa, condição ou motivo* de outros contratos ou constituindo mesmo a sua *base negocial*. Existe, de facto, entre os diversos contratos celebrados uma relação de dependência, correspectividade ou motivação que vai afectar os outros, mas que não destrói a sua específica individualidade. Não estamos, pois, perante um fenómeno de *fusão* contratual susceptível de originar um contrato misto, mas de *coligação contratual*, em que, não obstante a interdependência que se estabelece entre os diversos contratos em função do nexo substancial entre eles existente, se continua a aplicar a cada um dos contratos o regime jurídico que autonomamente lhe corresponde – sem prejuízo, evidentemente, da influência que o quadro negocial complexo possa exercer na sua disciplina.

2. Acordos parassociais[29]

É importante que os promotores antecipem a probabilidade de verificação futura de um conjunto de dificuldades e problemas, que podem ter a vir de enfrentar no âmbito das relações entre sócios ou partes da sociedade de projecto, qualquer que seja a forma jurídica que esta venha a assumir. Esses problemas poderão ser previamente solucionados ou afastados através de disposições incluídas no próprio acto de constituição da sociedade de projecto. Trata-se, contudo, dum aspecto da maior importância que terá de ser cuidadosamente analisado caso a caso – sobretudo quando a sociedade de projecto for constituída ao abrigo de legislação estrangeira, isto é, quando se procede à deslocalização do acto constitutivo da sociedade ou outro veículo.

Estes acordos parassociais contemplarão habitualmente aspectos como a obrigatoriedade de prestações suplementares de capital, a possibilidade de efectuar contribuições em espécie, direitos de preferência na aquisição de partes sociais, conflitos de interesses, cláusulas de não concorrência, etc.

---

[29] Por uma questão de simplificação do discurso referimo-nos aqui a *acordos parassociais* para identificar todos os acordos celebrados entre os promotores (sócios, se o veículo for uma sociedade, mas que também podem ser consorciados, membros, etc.) mesmo quando em causa não esteja uma sociedade.

3. Contratos de implementação do projecto

Contrato de concessão (no caso de realização de obras de utilidade pública, infra-estruturas, criação de serviços públicos, etc.). Tal contrato constitui a pedra de toque do modelo BOT (*Build-Operate-Transfer*) do *Project Finance*: a concessão é feita a um sujeito que assume o dever de construir ou organizar as mais importantes peças de uma estrutura, de a explorar por um certo período e transferi-la depois para o sector público que originalmente lhe atribuiu a concessão.

Este contrato, além de incluir habitualmente uma extensa lista de deveres e obrigações a cargo da entidade concessionária (SPV), pode incluir também a previsão de determinadas facilidades ou mesmo isenções tributárias e de benefícios (subsídios, etc.) necessários à viabilidade dos projectos.

O mesmo contrato há-de, desde logo, definir as condições, termos e critérios de pagamento por parte do Estado ao concessionário – por exemplo, no caso das auto-estradas SCUT, quais os critérios que determinarão os pagamentos a efectuar pelo Estado à concessionária[30].

Contrato(s) de construção ou de desenvolvimento; só não haverá lugar à celebração deste contrato se a própria SPV concessionária tiver capacidade, ela própria, para realizar a construção. No limite oposto encontramos uma sociedade de projecto com um carácter de puro veículo económico, sendo de considerar então a possibilidade e conveniência de celebração de um contrato do tipo *turn key*.

---

[30] Neste domínio, e à semelhança do que tem sucedido no Reino Unido, o Estado não prescinde de uma relativa partilha dos riscos com os privados, fazendo depender os pagamentos das efectivas utilizações, por parte dos automobilistas, das auto-estradas construídas no modelo DBFO (*Design-Build-Finance-Own*).

Os aspectos habitualmente contemplados por estes contratos relacionam-se com a forma como os vários agentes (construtores) irão assumir e concertar entre si a responsabilidade de execução da obra, a responsabilidade pelo *design* da obra, as condições de pagamento[31], data de conclusão e entrega da obra, momento da transferência do risco e da propriedade, garantias em relação a defeitos da obra, seguros, cláusulas arbitrais ou de deslocalização do foro, alteração das circunstâncias e vícios ocorridos por causas de força maior, responsabilidade pela obtenção de licenças, cláusulas resolutivas, etc.

Contratos de operação e manutenção ("O&M); podem estruturar-se de diferentes formas: em alguns casos, a SPV assumirá, ela mesma, a operação e manutenção do projecto; noutros, a SPV contratará a um terceiro envolvido na operação (ex: um accionista da SPV) ou a um terceiro, verdadeira *longa manus*, essa incumbência, podendo ainda contratar o exercício partilhado dessa função com um terceiro.

Para além do mais, a própria função de exploração do projecto pode aparecer separada daquela outra de manutenção.

Os contratos de operação e manutenção devem conter cláusulas que regulem os seguintes aspectos: nível de responsabilidade dos terceiros com os quais for contratada (ou sub-contratada) a operação e/ou manutenção do projecto, remuneração do operador, qualificação do operador como *principal* ou como agente na sua actividade de angariação de matérias-primas e consumíveis para o projecto, limites da responsabilidade do operador, etc.

Contratos de gestão e comercialização (*offtake agreements*) dos produtos ou serviços: o relacionamento de longo prazo com

---

[31] Será desejável que o concedente ou dono da obra não assuma a responsabilidade por qualquer derrapagem orçamental.

o cliente é uma variável determinante da possibilidade de estruturação de uma operação de *Project Finance*. Nem todos os projectos exigem a celebração de *offtake agreements*, no sentido de um acordo de fornecimento a longo prazo de um produto a terceiros, sobretudo quando o seu produto é apenas susceptível de ser vendido em mercados à vista ou a retalho, ou quando as suas contrapartidas resultam apenas de portagens ou de taxas. Estes contratos assumem a maior importância, contudo, em projectos como os de geração de energia eléctrica ou gás, em que a garantia de escoamento da produção futura é um pressuposto básico do sucesso de todo o projecto.

Contratos de fornecimento de matérias-primas (*inputs* necessários à produção, questão dos custos médios).

4. Estruturas financeiras e Contratos de financiamento

4.1. Estruturas financeiras

4.1.1. *Capital de risco* (capital próprio, *equity*); assume aqui uma importância claramente menor do que aquela que apresenta nas operações de *corporate finance*, mas não deixa, ainda assim, de ser relevante, não só pelo valor que realiza como, sobretudo, pelo comprometimento que implica para os promotores, os quais, supostamente, empregarão uma maior diligência na concepção, implementação e gestão do projecto se forem obrigados a comprometer capitais próprios.

4.1.2. *Capital alheio* (*debt*): financiamentos bancários, *leasings,* obrigações, etc; aqui assumem particular importância as agências de crédito e exportação (como o Banco Mundial), os bancos internacionais e as agências multilaterais (BIRD, BID, BEI), já que os agentes financeiros comuns (*vg,* bancos comerciais) não têm estrutura suficiente para suportar em grande escala financiamentos cujo prazo de maturidade e reembolso é muitíssimo longo[32].

Mais recentemente assiste-se ao crescente interesse manifestado pelos fundos de investimento e pelos fundos de pensões na participação neste tipo de operações, quer sob a forma de capital próprio quer sob a forma de verdadeiros financiamentos externos, *v.g.* através da subscrição de obrigações emitidas pela SPV.

4.1.3. *Instrumentos financeiros híbridos (v.g.,* obrigações convertíveis em acções).

4.2. Contratos de financiamento

A relação central de uma operação de *Project Finance* – a que se estabelece entre os financiadores do projecto e a sociedade de projecto – será normalmente disciplinada por um contrato de financiamento, que se pode apresentar sob diversas modulações consoante as múltiplas e variadas formas de financiamento proporcionadas pela *praxis* financeira internacional:

Contratos de mútuo.

Contratos de abertura de crédito (sob qualquer uma das diversas formas em que esta pode ser contratada: simples ou em conta corrente, com cláusula *revolving, single, dual* ou *multy-currency*; ou ainda, *term-facility, stand-by facility, evergreen*, etc.).

Hedgings: a latere das relações financeiras acabadas de referir aparecerá sempre um articulado sistema de cobertura de risco, que fará normalmente uma ampla utilização de instrumen-

---

[32] Sem ser possível estabelecer uma regra pode, contudo, por aproximação, fixar-se em 30 anos o prazo médio de reembolso dos empréstimos em *Project Finance.*

tos financeiros de matriz anglo-saxónica, como *swaps* e *interest rate options*. O *hedging* representa a protecção do financiador contra movimentos adversos verificados nas taxas de câmbio, taxas de juro e preços de mercadorias, sobretudo através de estratégias de gestão que implicam a utilização intensiva de instrumentos derivados. Trata-se, afinal, de gerir o risco, ou a exposição ao risco que os financiadores estão dispostos a suportar.
Leasings, factorings, forfaitings.
Operações de titularização.

Na generalidade dos casos os diversos financiamentos serão organizados entre uma pluralidade de financiadores profissionais, dando lugar a fenómenos associativos e de consórcio (os chamados *pools* ou sindicatos de crédito) de conteúdo assaz peculiar e específico na sua articulação contratual. Intervêm aqui, pois, novas relações contratuais, destinadas a regular as relações internas entre os membros do sindicato de crédito, ou entre as diferentes categorias de financiadores, estabelecidas em razão do grau de subordinação e postergação dos seus créditos convencionalmente estabelecidos (*intercreditore agreement, subordination agreement, agency agreement ...*), ou ainda, de acordo com as particulares técnicas de estruturação do sindicato (isto é, de acordo com as técnicas de cessão do contrato de financiamento ou dos créditos dele derivados).

Não faltarão aqui, pois, contratos destinados a definir as relações entre os financiadores – ou os vários sujeitos que, a títulos diversos, podem intervir na fase de organização e estruturação da operação financeira (*arrangers, co-arrangers, financial advisor*) – e o tomador do crédito (a SPV) ou os seus promotores, bem como a definir os papéis a desempenhar e a responsabilidade a assumir por cada um dos financiadores na montagem da operação (*agent bank, manager, lead manager ...*).

5. Contratos de garantia

a) Garantias do projecto:

Penhor de acções da SPV
Penhor de equipamentos
Hipotecas sobre imóveis
Caução de direitos creditórios (Conta Reserva)

b) Garantias de terceiros:

Seguros: a SPV pode ser beneficiária mas, em caso de sinistro, os direitos de ressarcimento devem ser sub-rogados aos *senior lenders*. Os contratos de seguro devem cobrir o máximo de riscos que as seguradoras estejam dispostas a cobrir, e devem ser tidos em conta os seguros obrigatórios segundo o direito local, bem como a necessidade de estabelecer resseguros.
Fianças bancárias
Garantias bancárias autónomas, simples ou *on first demand*

c) Garantias (contratuais) dos patrocinadores:

Equity contribution (compromisso de contribuição com capital próprio)
Termination undertaking (compromisso de conclusão do projecto)
Project funds agreement
Compromissos de responsabilidades
Acordos sobre distribuição de dividendos (ex, *pay-out zero*)

6. Outros contratos

Constituição e controlo de *conta escrow* (conta centralizadora: as receitas resultantes da exploração do projecto entram nesta conta, afectada ao pagamento dos financiadores, até ao montante necessário para cobrir parcelas de amortização dos empréstimos durante um período estipulado); este contrato é celebrado entre os financiadores e um *trustee* ou instituição depositária.

Contrato de depósito e gestão dos fundos.

Contratos de monitorização e fiscalização (da actuação da SPV pelos bancos).

IV
OS RISCOS E AS GARANTIAS EM *PROJECT FINANCE*

1. Os riscos da operação

Numa operação de *Project Finance* procura-se uma eficaz e equilibrada distribuição dos riscos por todos os sujeitos envolvidos na operação – patrocinadores, financiadores, fornecedores, operadores, seguradoras e agências governamentais. Relativamente aos riscos que ninguém quer assumir, são montados mecanismos de engenharia jurídico-financeira que permitam a diluição dos mesmos.

Vejamos, então, em particular alguns dos riscos da operação e as formas jurídicas habitualmente utilizadas para os diluir ou eliminar:

Riscos de construção: abandono ou não conclusão da obra, atrasos, custos superiores aos orçamentados, etc. As garantias contratuais dirigidas ao afastamento destes riscos passarão normalmente pela celebração de contratos destinados a regular a obrigação de comprometimento de capital próprio do construtor, a contratação da empreitada com preço fixo, a fiscalização da obra por peritos engenheiros independentes, o estabelecimento de prazos fixos e de cláusulas penais elevadas, etc.

Riscos de exploração: redução da produção, revisão dos preços, aumento dos custos administrativos, etc. As garantias adequadas à amortização dos riscos de exploração poderão ser a escolha de tecnologias comprovadas, a contratação a longo prazo dos custos administrativos, a prestação, por parte da operadora, de garantias de performance ou desempenho e o desenvolvimento de uma adequada política de seguros.

Riscos de fornecimento: falta de disponibilidade de matérias-primas, variações no custo das mesmas, inflação, riscos cambiais. Esses riscos podem ser minorados através da celebração de contratos de fornecimento de longo prazo, garantias de transporte, exigências de reservas, constituição de *hedges*,[33] etc.

Riscos de produção ou de mercado: flutuações na procura, inflação, flutuações monetárias, atenuados pela celebração de contratos de fornecimento (aos clientes) de longo prazo, rigorosos estudos prévios do mercado, constituição de *hedges* financeiros.

Riscos financeiros: variação das taxas de juro, variação das taxas de câmbio, inflação. Podem ser amortizados também através de *hedges*.

Riscos políticos (sobretudo nos investimentos no estrangeiro) *e riscos legais*[34]: regime jurídico a aplicar aos contratos, regime da propriedade intelectual, regime tributário, etc. Os modos de redução destes riscos passam pela previsão de juízo arbitral, escolha da lei mais favorável, intervenção de agências reguladoras autónomas, práticas de transposição dos custos para os consumidores e também pelo recurso a seguros de cobertura de riscos políticos.

Riscos ambientais, de caso fortuito e força maior

Riscos subjectivos (capacidade dos promotores)

---

[33] Mecanismos jurídico-financeiros de protecção contra riscos de variação cambial, flutuação de taxas de juro ou de preços de mercado de valores mobiliários, que podem englobar diversos instrumentos financeiros: futuros, opções, *swaps*, *caps*, etc.

[34] Caso "Indáqua", que constitui nesta matéria um verdadeiro *case study*.

Riscos tecnológicos: se a tecnologia utilizada é nova pode reservar surpresas, se é madura pode vir, a curto prazo, a revelar-se obsoleta...

2. Importância e tipologia das garantias em *Project Finance*

Resulta de tudo o que já foi dito que, em *Project Finance*, as garantias assumem a maior importância. A atribuição de garantias tradicionais aos financiadores relativamente aos activos que se destinam a permitir o reembolso e a remuneração do crédito significa que em caso de incumprimento os credores do projecto podem lançar mão de todos os procedimentos legais destinados não só a assegurar a integridade desses activos como também a promover a venda dos mesmos a fim de lhes permitir fazer-se pagar com o produto dessa venda.

Apesar de este tipo de garantias poder estar normalmente presente numa operação de PF, o mais natural é que elas não se apresentem como decisivas, constituindo as garantias contratuais uma alternativa fundamental.

2.1. Garantias tradicionais (reais, pessoais)

Este tipo de garantias está quase sempre presente no *Project* Finance, mas com um relevo infinitamente menor do que aquele que lhe é atribuído na estrutura de *corporate finance*. O risco é distribuído pelos diversos participantes no projecto, e o modelo *full recourse* – isto é, com a prestação obrigatória de garantias reais e pessoais por parte dos promotores/accionistas e sem qualquer instrumento de atenuação dos riscos –, típico da *corporate finance*, não é utilizado. Os métodos tradicionais de financiamento têm como alvo o crédito, pelo que as garantias prestadas se destinam a proteger esse mesmo crédito; em *Project Finance*, o alvo é deslocado para o risco do projecto.

Assim, garantias típicas como o penhor das acções da sociedade de projecto, o penhor de equipamentos, a constituição de hipotecas sobre imóveis e a caução de direitos creditórios (Conta Reserva) acabam por ter, no contexto da operação, uma importância meramente relativa.

2.2. Garantias contratuais

O *Project Finance* encontra-se centrado *no risco*, e não no crédito, pelo que as garantias se destinam, aqui, a minimizar os riscos envolvidos na operação. Deste modo, o *Project Finance* permite precisamente evoluir de um esquema de garantias tradicionais, reais e pessoais, para uma estrutura de garantias alternativas (contratuais): de um modo geral, o reembolso e a remuneração do capital externo deve ser feito sobretudo ou exclusivamente com recurso aos fluxos de caixa gerados pelo projecto, tendo como garantia os seus activos e um conjunto de medidas de origem contratual, todas destinadas a amortizar os riscos de erosão e perda desses activos.

2.3. *Non-recourse* e *limited-recourse Project Finance:* a reversão contra os promotores

Quanto à prestação de garantias pelos próprios promotores, a título pessoal e com comprometimento do seu próprio património, o *Project Finance* pode surgir sob duas modalidades distintas quanto a este aspecto: *Non-Recourse Project Finance* ou *Limited Recourse Project Finance*.

O fundamental princípio subjacente a qualquer uma destas modalidades é aquele segundo o qual os financiadores só podem considerar, para efeitos de reembolso e remuneração dos créditos concedidos, determinados activos relacionados com o projecto. Sendo contudo evidente que as cláusulas *non recourse* e *limited recourse* só são possíveis e aceitáveis pelos financiadores quando em simultâneo são constituídas a seu favor determinadas garantias (tradicionais ou contratuais) sobre esses mesmos activos que se destinam a satisfazer o reembolso e a remuneração do crédito. Sem estas garantias, outros credores poderão reivindicar para si os mesmos activos, e se esse risco se materializar, as bases sobre as quais o financiador aceitou entrar na operação achar-se-ão corrompidas.

Nestes termos, a melhor forma de os promotores obterem a adesão ao financiamento por parte dos bancos numa base *non recourse* ou *limited recourse* reside na constituição de uma sociedade de projecto, exclusivamente destinada à realização desse projecto, e por intermédio da qual irá ser reunido e titulado todo seu o financiamento, apresentando como principal garantia todos os activos da sociedade e os fluxos de caixa futuramente gerados pelo projecto.

Non Recourse Project Finance: trata-se aqui de um modelo de financiamento sem cláusula de reversão contra os promotores, isto é, sem que, em caso algum, os promotores do projecto possam ser chamados a responder, pessoalmente e com o seu património próprio, pelas obrigações contraídas no âmbito do projecto; prevê-se, portanto, uma absoluta e rigorosa separação e independência do projecto em relação à pessoa e ao património dos seus promotores. A capacidade do projecto de gerar um fluxo de caixa suficiente e afectação contratual desse fluxo de caixa, bem como dos activos do projecto, à satisfação dos créditos, constituem, nesta modalidade, os únicos elementos de valoração.

Este tipo de *Project Finance* é, ao que parece, extremamente raro[35] e acaba por prever sempre uma garantia na forma de *keep well agreement* ou de uma carta de conforto que impõe aos

---

[35] De acordo com as estatísticas, apenas 7% das operações de *Project Finance* são concebidas sob a forma *without recourse*.

promotores uma obrigação genérica de empregar todos os esforços e toda a sua diligência no sentido de concluir com êxito o projecto.

Mesmo em relação aos chamados "riscos *pos completion*", estes são assumidos pelos patrocinadores, mais do que pelos financiadores, por força de uma *completion guarantee* ou de uma *performance guarantee* (garantia autónoma).

Limited Recourse Project Finance: sistema intermédio entre o *full* recourse e o *non recourse*. Constitui o mais comum sistema de garantias (mistas) em *Project Finance* (72% dos casos). Trata-se de acordos que oferecem ao financiado um certo grau de "imunidade" contra tentativas de responsabilização pessoal, mas que procuram preservar alguns direitos contra os promotores, nos casos em que estes não cumprem determinadas obrigações contratualmente assumidas com os financiadores relacionadas com o desenvolvimento e a exploração do projecto.

São então estabelecidas cláusulas de reversão limitada contra os promotores/patrocinadores (ou terceiros: por exemplo, sujeitos da administração pública), normalmente sob a forma de obrigações contratuais a cargo destes sujeitos (ex: obrigação de conclusão do projecto, obrigação de efectuar prestações suplementares em caso de aumento inesperado dos custos do projecto, obrigação de prestação de certas quantias para fazer face às eventuais necessidades de capital circulante); fala-se em *"limited recourse"* já que estas garantias acessórias não cobrem o risco integral do projecto, sendo uma parte substancial desse risco assumida directamente pelos financiadores externos.

A grande dificuldade, aqui, está em determinar quais os direitos dos financiadores contra os promotores em caso de não cumprimento daquelas obrigações, sendo em teoria possível fixar cláusulas do tipo *full recourse* em qualquer caso de incumprimento, levantando imediatamente o véu da separação jurídica da SPV em relação aos seus promotores; contudo, esta solução de "morte súbita" é geralmente vista como excessiva pelos financiados, pelo que parece mais curial estabelecer-se a possibilidade de os financiadores recorrerem, em caso de incumprimento daquelas obrigações contratuais, a acções de responsabilidade civil contra os promotores por quebra de expectativas no âmbito do contrato de financiamento.

3. Vantagens e desvantagens do recurso ao *Project Finance*

3.1. Vantagens

Potente instrumento de impulso para a *internacionalização* do sistema industrial de um país;
Efeito de alavancagem financeira;
Mecanismo de captação dos capitais privados para a realização de *infra-estruturas* de natureza pública, com a consequente contenção do *índice de endividamento*;
Razões de eficiência económica e de gestão apontam também para o recurso aos operadores privados para a realização de projectos de interesse público;
A natureza destas iniciativas é muito mais coerente com um financiamento de projecto do que com um financiamento de empresa;
Possibilidade de realização de *joint-ventures* com outras empresas;
Partilha dos riscos;
Benefícios fiscais;
Limitação do impacto do financiamento e eventual malogro do projecto no balanço de cada um dos promotores;
Maior acessibilidade às fontes de financiamento.

3.2. Desvantagens

Custos mais elevados (do que quaisquer outras operações de financiamento tradicionais): custos de implementação, custos financeiros, prémios de seguros, comissões, etc. (daí que não devam ser utilizados em empreendimentos de pequeno porte, uma vez que estes não permitem a absorção dos elevados custos fixos de estruturação; o valor mínimo estimado a partir do qual pode valer a pena recorrer ao *Project Finance* é de US$ 150 milhões).
Prazos de amortização e reembolso muito longos.
Maior controlo e intervenção do financiador sobre o projecto, mesmo na fase que precede a sua concepção e implementação.

4. Pressupostos do recurso ao *Project Finance*

Depois de tudo o que ficou dito torna-se evidente que o modelo de financiamento do *Project Finance* não convém a todo e qualquer projecto empresarial, mas a algumas iniciativas que, desde logo, pela sua complexidade empresarial e financeira e pelas dimensões que apresentam, justifiquem o emprego de competências e recursos de grande porte; o *Project Finance* implica, de facto, elevadíssimos custos fixos de estruturação de amortização muito longa, que o projecto tem de ter a capacidade de absorver.

Por outro lado, a operação exige promotores fiáveis, com uma experiência empresarial consolidada, e um sector industrial definido e com baixos riscos tecnológicos (utilização de tecnologias maduras);

Atendendo aos elevados riscos que a operação implica e à desejável partilha dos mesmos entre os diversos sujeitos da operação, tais riscos hão-de ser susceptíveis de repartição; não basta conhecer os riscos, é necessário avaliá-los e mitigá-los através da celebração de contratos, ponderando também *ab initio* o impacto que essa mitigação dos riscos terá no próprio projecto. Só desta forma, de facto, se pode proceder a correcta avaliação da adequação custos-benefícios (*Value-for-Money*) que a operação envolve.

A necessidade de previsão e limitação desses riscos aconselha ainda que o projecto se destine a produzir um produto relativamente estandardizado e largamente difundido, de procura rígida (ou tornada rígida através de mecanismos contratuais, do tipo *Take-or-Pay* ou do tipo *Hell-or-High-Water*[36]).

Bibliografia

BEENHAKKER, Henri L., *Risk Management in Project Finance and Implementation*, Quorum Books, Westport, Connecticut/London, 1997.
CARRIÈRE, Paolo, *Project Financing- Profili di compatibilità con l'ordinamento giuridico italiano*, Cedam, Padova, 1999.
DAVIS, Henry A., *Project Finance: Practical Case Studies*, Euromoney Books, 1996.
FILHA, Dulce Corrêa Monteiro/CASTRO, Marcial Saboya de, "*Project Finance* para a Indústria: Estruturação de Financiamento", in *Revista do BNDES*, Rio de Janeiro, Dez. 2000, V.7, n°14, p. 107-124.
HOFFMAN, Scott L., *The Law and Business of International Project Finance*, The Hague, London/Boston, 1998.
IMPERATORI, Gianfranco, *Il Project Financing – una tecnica, una cultura, una politica*, Milano, 1998.

---

[36] Contratos de venda ou de fornecimento em que o fornecedor – neste caso, a SPV – assegura o escoamento do seu produto numa base certa durante um período de tempo pré-definido, ficando o cliente obrigado, nesse período, à aquisição regular de certas quantidades do produto ou à utilização do serviço prestado pela SPV, assim se assegurando uma procura certa. No segundo tipo (*hell-or-high-water*) o outro contraente fica mesmo obrigado a pagar ainda que, por qualquer causa, não venha a receber o produto.

POMBEIRO, António A.F.B., *As PPP/PFI-Parcerias Público Privadas e a sua Auditoria*, Áreas Editora, 2003.

ROWE, Michael, *Trade and Projetc Finance in Emerging Markets*, Euromoney Books, 1999.

Shaughnessy, Haydn, *Project Finance in Europe*, Ed. John Wiley and Sons Ltd, 1995.

SILVA, João Calvão da, *Direito Bancário*, Coimbra, Almedina, 2001, p. 435 ss.

VINTER, Graham D., *Project Finance*, 1998, 2ª Ed.

WOOD, Philip R., *Project Finance, Subordinated Debt and State Loans*, London, Sweet and Maxwell, 1995

Algumas referências legais a operações de *Project Finance* em Portugal

Decreto-Lei nº 248-A/99, de 7 de Junho

Decreto-Lei nº 335-A/99, de 20 de Agosto

Decreto-Lei nº 55-A/2000, de 14 de Abril

Decreto-Lei nº 87-A/2000, de 13 de Maio

Decreto-Lei nº 323-G/2000, de 12 de Setembro

Lei de Enquadramento Orçamental nº 91/2001, de 20 de Agosto

Decreto-Lei nº 142-A/2001, de 24 de Julho

Decreto-Lei nº 86/2003, de 26 de Abril

ÍNDICE

NOTA DE APRESENTAÇÃO 5

RESPONSABILIDADE CIVIL DE ADMINISTRADORES E DE SÓCIOS
CONTROLADORES – (NOTAS SOBRE O ART. 379.º DO CÓDIGO DO TRABALHO)
J. M. Coutinho de Abreu / Elisabete Ramos 7

Abreviaturas 9

I – Sobre o art. 379.º, 2, do CT 11
  1. A remissão para o regime jurídico-societário da responsabilidade civil pela administração 11
    1.1. Caracterização sumária do regime jurídico-societário da responsabilidade civil pela administração da sociedade 12
    1.2. Explicitação dos pressupostos de responsabilidade previstos no art. 78.º, 1, do CSC 22
    1.3. Os pressupostos previstos no art. 79.º, 1 do CSC 30
    1.4. A remissão para outros aspectos da disciplina jurídico-societária 32
    1.5. A natureza extracontratual da responsabilidade civil prevista no art. 379.º, 2, do CT 34
  2. A solidariedade entre os administradores e o empregador 35
  3. Caução e seguros de responsabilidade dos administradores 36
  4. Responsabilidade dos administradores de facto 40
  5. Necessidade da norma do art. 379.º, 2, do CT? 46

II – Sobre o art. 379.º, 1, do CT 49

PRIVATIZAÇÃO DE EMPRESAS PÚBLICAS E EMPRESARIALIZAÇÃO PÚBLICA
Jorge Manuel Coutinho de Abreu 57

  1. Nacionalizações e EP 59
  2. Privatizações de EPs 60
  3. LEMI e RSEE 62

4. Empresarialização pública – empresas públicas estaduais societárias 64
5. Empresarialização pública – empresas municipais 66
6. "Contratação pública" 67
7. A (não) participação dos trabalhadores na administração das empresas públicas 72

PRINCÍPIOS DO COMÉRCIO ELECTRÓNICO – (BREVE APONTAMENTO AO DL 7 / 2004)
Alexandre Libório Dias Pereira 75

Introdução 77
1. O princípio da liberdade de exercício (ou da desnecessidade de autorização prévia) de actividades económicas na Internet e o primado do direito comunitário na regulação do mercado interno do comércio electrónico 81
2. O princípio da transparência 87
3. O princípio da liberdade de celebração de contratos por meios electrónicos e a protecção do consumidor no *tele-shopping* electrónico ... 92
4. O princípio da liberdade de comunicação e de navegação na Internet, e o reforço da propriedade intelectual na Internet 102
5. O princípio da informalização dos meios de resolução de litígios (ADR) 108

PROJECT FINANCE – (PRIMEIRAS NOTAS)
Gabriela Figueiredo Dias 113

I – Introdução 115
1. *Project Finance*: um modelo de financiamento de projectos 115
2. Evolução e sentido do *Project Finance*: breve história e razão 118
3. A *Private Finance Iniciative* (PFI) 120
4. A análise do risco de crédito em *Project Finance*: financiamento de empresas e financiamento de projectos 125
 4.1. A análise financeira tradicional (*corporate finance*): os riscos da empresa financiada 125
 4.2. Análise financeira em *Project Finance*: o risco do projecto 126

II – Características de uma operação de *Project Finance* 129
1. Os sujeitos envolvidos em operações de *Project Finance* e seus objectivos 129
 1.1. Os entes públicos 129
 1.2. Os Promotores privados 130
 1.3. A Sociedade de projecto (SPV – *Special Purpose Vehicle*) 130
 1.4. Financiadores 131
  1.4.1. Bancos comerciais 131

1.4.2. Agências de exportação de crédito e as agências multilaterais 132
1.4.3. Obrigacionistas 133
1.5. Outros sujeitos 133
    1.5.1. Peritos independentes 133
    1.5.2. *Trustee* ou depositário 133
    1.5.3. Seguradoras 133
2. A fase de pré-desenvolvimento da operação de *Project Finance* 133
    2.1. Acordos preparatórios do projecto 133
    2.2. A escolha do veículo: o *Special Purpose Vehicle* (SPV - Sociedade de Projecto) e princípio do ring fence 134
    2.3. A gestão empresarial do projecto e o plano económico-financeiro 138
3. As fases de uma operação de *Project Finance* 139
    3.1. Identificação/concepção do projecto 139
    3.2. Implementação 139
    3.3. Gestão/exploração 139
4. Tipologia das operações de *Project Finance* 139

III – Estrutura contratual do *Project Finance* 141
1. Estrutura contratual complexa: coligação de contratos 141
2. Acordos parassociais 142
3. Contratos de implementação do projecto 143
4. Estruturas financeiras e Contratos de financiamento 145
    4.1. Estruturas financeiras 145
        4.1.1. Capital de risco 145
        4.1.2. Capital alheio (debt) 145
        4.1.3. Instrumentos financeiros híbridos 146
    4.2. Contratos de financiamento 146
5. Contratos de garantia 148
6. Outros contratos 149

IV – Os riscos e as garantias em *Project Finance* 151
1. Os riscos da operação 151
2. Importância e tipologia das garantias em *Project Finance* 153
    2.1. Garantias tradicionais (reais, pessoais) 153
    2.2. Garantias contratuais 154
    2.3. *Non-recourse* e *limited-recourse Project Finance*: a reversão contra os promotores 154
3. Vantagens e desvantagens do recurso ao *Project Finance* 157
    3.1. Vantagens 157
    3.2. Desvantagens 158
4. Pressupostos do recurso ao *Project Finance* 158
Bibliografia 159
Algumas referências legais a operações de *Project Finance* em Portugal ... 160